Los dos lados del liderazgo

GORDON MACDONALD

Los dos lados del liderazgo
© 2012 por Gordon MacDonald

Publicado por Editorial Patmos, Miami, FL EUA 33169
Todos los derechos reservados.

Publicado originalmente en inglés por Hendrickson Publishers Marketing, LLC, P.O. Box 3473, Peabody, Massachusetts 01961-3473, con el título *Building Below the Waterline*
© 2011 Gordon MacDonald

A menos que se indique lo contrario, las citas bíblicas se toman de la Nueva Versión Internacional, © 1999 por la Sociedad Bíblica Internacional.

Traducido por Silvia Cudich
Diseño de portada - diagramación: Wagner Leonardo Francia

ISBN 10: 1-58802-652-3
ISBN 13: 978-1-58802-652-1

Categoría: Liderazgo

Impreso en Brasil
Printed in Brazil

Los dos lados del liderazgo

Gordon Macdonald

CONTENIDO

Introducción 7

PRIMERA PARTE: LA VIDA INTERIOR DEL LÍDER
1. Cómo encontrar su centro 11
2. Siete palabras que nos sirven como principio de vida 17
3. Cómo cultivar el alma 21
4. Lo que quiero ser cuando sea grande 31
5. Cómo diseñar un mapa de nuestro mundo interior 45
6. En busca de nuestras motivaciones 49
7. La fe extrema 63
8. La raíz del liderazgo 73
9. La restauración del lunes por la mañana 81
10. Los momentos privados del líder público 89
11. El ministerio de rodillas 101

SEGUNDA PARTE: LA VIDA EXTERIOR DE UN LÍDER

12. El poder de la oración pública 113
13. La llamada telefónica de las 3 de la mañana 127
14. Cuando las cosas se ponen feas 137
15. Cómo decir las cosas difíciles 149
16. NT: No terminó 159
17. La profundidad del alma 169
18. Cómo cae una iglesia poderosa 179
19. La manera correcta de manejar el conflicto en la iglesia 191
20. A veces simplemente tiene que desaparecer 201
21. Diez condiciones para el crecimiento de la iglesia 209
22. El punto óptimo del ministerio 219
23. El avance del pastor 231
24. Cuando llega el momento de partir 243
    Epílogo 253

INTRODUCCIÓN

El libro de David McCullough, *The Great Bridge* (El gran puente), cuenta una historia fascinante sobre la construcción del puente de Brooklyn que forma un arco sobre el East River y que une a Manhattan con Brooklyn.

En junio de 1872, el jefe de ingenieros del proyecto escribió: "A aquellas personas del público en general que se imaginen que no se ha realizado trabajo alguno en la torre de Nueva York, ya que no ven ninguna evidencia de ello sobre el agua, deseo simplemente remarcarles que la cantidad de mampostería y de cemento depositada en esa base durante el último invierno, *debajo del agua*, es igual en cantidad a toda la mampostería de la torre de Brooklyn visible hoy sobre la línea de flotación" (cursivas del autor).

Hoy día, el puente de Brooklyn continúa siendo una arteria importante de transporte en la ciudad de Nueva York porque hace 135 años, el jefe de ingenieros y su equipo de construcción hicieron su obra más paciente y osada donde nadie podía verla: en la base de las torres debajo de la línea de flotación. Es un ejemplo más del principio eterno de liderazgo: la obra que se realiza por debajo de la línea de flotación (en el alma de un líder) es lo que determina si él o ella soportarán la prueba del tiempo y los desafíos.

Esta obra se denomina adoración, devoción, disciplina espiritual. Se lleva a cabo en la quietud, donde Dios es el único que lo ve.

En la actualidad hay un tremendo énfasis en los temas de liderazgo, tales como la visión, la estrategia de la organización y la "sensibilidad al mercado" del mensaje de cada uno. Todo esto es magnífico. Son cosas que hubiera deseado escuchar cuando era un pastor joven. Pero si todo trata de aquello que se encuentra por encima de la línea de flotación, lo más probable es que, en los próximos años, seamos testigos de una especie de derrumbe del liderazgo. Los líderes bendecidos con magníficas habilidades naturales y carisma podrían ser vulnerables al colapso de su carácter, sus relaciones clave y su centro de fe, ya que jamás aprendieron que uno no puede (o no debe) construir por *encima* de la línea de flotación, si no hay una base sustancial debajo de ella.

Gordon MacDonald

PRIMERA PARTE

LA VIDA INTERIOR DEL LÍDER

1

CÓMO ENCONTRAR SU CENTRO

El centro del alma es Dios. Cuando ha alcanzado a Dios con toda la capacidad de su ser y la fortaleza de su operación e inclinación, ha llegado a su centro final y más profundo en Dios.

SAN JUAN DE LA CRUZ

Hubo una época en la que habría sentido celo por el liderazgo; hoy, lo encuentro aleccionador. He pasado el punto de aspirar al liderazgo. Es un privilegio ser líder, pero el precio es alto.

El líder tiene que estar pendiente de cada palabra que dice y pronto descubre que no es posible pasarse la vida sin unos cuantos críticos, algunos de ellos bien merecidos. De vez en cuando, a los líderes les resulta difícil saber quién es un amigo auténtico, y el tiempo para buscar relaciones saludables es realmente limitado. Hay presiones sobre los amigos y la familia y, a veces, sospecho que la mayoría de los líderes se han de preguntar: "¿Quién necesita todo esto?".

Por otra parte, todo aquello en lo que he tenido el privilegio de participar ha sido el resultado de mi decisión de responder al llamado de Dios al liderazgo. Así que no me quejo de la presión.

Todo se reduce a la unción de Dios. Mi esposa Gail y yo constantemente estamos conscientes de que Dios nos ha llamado a hacer algo en particular.

Todas las mañanas nos tomamos el tiempo de preguntarle a Dios: "¿Cuál es el propósito de esto en nuestra vida?" Yo he dejado de cobijar la idea de que las cosas que se supone que haga deben ser algo grandioso, pero siento con fuerza un sentido de llamamiento y obligación. Además de la unción de Dios, ¿qué otras características debe poseer el líder cristiano?

Cuatro características del líder cristiano

La primera característica del líder es la habilidad de comunicar una visión. El líder es el guardián de una visión. Algunos de nosotros comunicamos la visión mediante el don del habla, pero otros lo hacen de manera diferente. D. E. Hoste, por ejemplo, quien fue el sucesor de Hudson Taylor en la Misión del Interior de China *(China Inland Mission)* era un administrador y su liderazgo se llevó a cabo en la oficina y en la mesa del comité. Su sabiduría y su habilidad de persuadir convencieron a la gente de que estaba lleno del Espíritu Santo y que merecía que lo siguieran.

La segunda característica del líder cristiano es su sensibilidad hacia a la gente. Primero y principalmente, el líder tiene que escuchar lo que la gente dice. Peter Drucker dice que la comunicación no ocurre con el que habla, sino con los que escuchan. Como orador, tengo que entender la manera en que ustedes piensan. ¿Cómo perciben la información? Churchill conocía al pueblo inglés, de modo que era sensible a las formas de las palabras correctas que captarían su atención, y sabía qué es lo que los inspiraría y los haría enojarse lo suficiente contra el enemigo como para seguir perseverando, a pesar de las increíbles dificultades.

Una tercera característica que debe poseer el líder es la capacidad de evaluar situaciones. El ser sensible también significa desarrollar la capacidad de observar las situaciones y descodificar lo que está ocurriendo. Creo que Dios me ha dado un don en esta área. Para mí es algo instintivo el entrar a una habitación y darme cuenta rápidamente de quién está a cargo de todo o, por el contrario, de darme cuenta en seguida de que no hay nadie a cargo. Es una destreza importante en situaciones de iglesia.

La cuarta característica es un agudo autoconocimiento. Los líderes sensibles tienen que conocerse a sí mismos. Si no nos conocemos a nosotros mismos y qué fue lo que nos dio forma, lo que nos neutraliza y cuáles son nuestros límites, le abrimos la puerta al desastre. Muchos hombres y mujeres en puestos de liderazgo son inseguros. Algunos luchan con grandes áreas no resueltas de su pasado. En el liderazgo, a menos que se pueda resolver el pasado, este se convierte a menudo en un talón de Aquiles.

Permítame darle un ejemplo. Cuando comencé el ministerio, yo era una persona insegura y específicamente necesitaba afirmación. Necesitaba agradarle a la gente y los aplausos eran para mí lo mismo que una afirmación. Tuve que hacer una transición y dejar de ser una persona impulsada por la ambición para comenzar a ser una persona llamada.

La decisión de conocerse a uno mismo comienza con un autoexamen diario frente a la justicia de Dios y el descubrimiento de los motivos pecaminosos. Segundo, es regresar al pasado para preguntarse: *¿Qué me ha formado? ¿Qué busco en la vida? ¿Qué cosas necesarias no pude obtener?*

El valor de un mentor

Un valioso recurso de ayuda es un mentor. Un mentor nos brinda afirmación, de modo que no tengamos que buscarla de manera artificial. Segundo, un mentor nos corrige. En el seminario, Ray Buker fue uno de mis profesores. Para otro curso tenía que presentar un informe detallado con recomendaciones sobre el debate de la educación cristiana, de modo que falté a dos clases que tenía con el Dr. Buker ese día, para dedicarme a ese trabajo. Esa noche, después de leer el informe y cuando todos se habían ido, Buker llegó y me dijo:

—Gordon, ese informe que leyó es bueno. Desafortunadamente, no fue un informe magnífico. ¿Le gustaría saber por qué no fue un informe magnífico?

—No estoy seguro, pero... —le respondí.

—No fue magnífico, porque usted sacrificó su rutina para escribirlo.

Ese fue uno de esos momentos de iluminación en el que reconocí un principio de la vida real. El sacrificar la rutina no es lo que nos hace eficaces. El Dr. Buker estaba tratando de señalar que la mayoría de nosotros va por la vida buscando las cúspides, en vez de darnos cuenta de que, a menudo, la vida se vive en los valles y en las laderas. Nunca olvidé esa lección.

Cuando era atleta, perdí una importante carrera porque no escuché a mi entrenador. Después, él me dijo: "Tú prometes ser un hombre que irá por la vida aprendiendo las cosas a base de cometer errores".

Ese día, salí de la pista con este pensamiento: Esta es la última lección que voy a aprender a base de errores. Aprenderé de los errores de los demás. Ese principio se quedó grabado en mí. Comencé a observar los fracasos y las humillaciones de los demás y luego me preguntaba a mí mismo: *¿Dónde estoy propenso a cometer el mismo error?*

Muchos líderes operan a un nivel en el que pueden pasar mucho tiempo sin que nadie les pida que rinda cuentas y, como resultado, están tan ocupados ayudando a la gente que sus percepciones se van a la deriva. Llega un mentor, les hace preguntas difíciles, los encara con severidad y, de golpe, el líder se da cuenta: *¿Cómo es posible que no lo haya visto antes?*

Nuestro centro espiritual

Aislamos tanto lo positivo como lo que tenemos que descartar. Todos podríamos usar nuestra formación como excusa para decir: "Esta es la razón por la cual soy así, de modo que acéptame tal como soy". Pero, como líderes, no podemos darnos el lujo de esa clase de autocompasión. Es una labor difícil, y el proceso dura toda la vida. Si no mantuviera un centro espiritual, rápidamente podría volver a ser un hombre impulsado por sus ambiciones.

Debido a mi lectura de los místicos, estoy convencido de que nuestra percepción de la realidad gira en torno a un centro espiritual. Si no mantenemos ese centro mediante una constante disciplina espiritual, pronto se convierte en algo inerte. Casi todos los líderes cristianos creen eso de manera doctrinal, pero pocos lo creen lo suficiente como para separar una o dos horas al día para mantener su centro espiritual.

Como resultado, hay una acumulación de conocimiento sin sabiduría. Hay líderes que funcionan por carisma y no por poder espiritual. Y se requiere de poder espiritual para hacer una clara ruptura con los valores del mundo, como debe hacerlo el líder espiritual. No deseo sonar piadoso, pero a medida que envejezco, me doy cuenta cada vez más de esta verdad.

No podemos mantener el ritmo si no oramos, estudiamos las Escrituras y leemos una gran cantidad de literatura clásica espiritual.

Por otro lado, cuando lideramos desde el interior, nuestros propios recursos se canalizan y multiplican desde ese poderoso centro espiritual, donde se lleva a cabo la transformación.

PARA REFLEXIÓN ADICIONAL

1. ¿Cuán sensible es usted a los demás y a las situaciones y? ¿Qué impacto ha tenido esto en su desarrollo como líder? ¿Qué pasos podría dar para desarrollar esta clase de sensibilidad?

2. ¿Qué mentores ha encontrado en su vida hasta este momento? Piense en entrenadores, directores espirituales y otros líderes que le hayan dado forma a su manera de pensar y a sus hábitos. ¿Cuáles son las lecciones claves que le han impartido?

3. ¿Cuánto tiempo aparta para la reflexión espiritual y la oración? ¿Cómo podría ajustar su calendario para incrementar esta cantidad de tiempo?

2

SIETE PALABRAS QUE NOS SIRVEN COMO PRINCIPIO DE VIDA

Presente para Dios... presente para la gente.

CHARLES DE FOUCAULD

Me encanta la simple frase que Charles de Foucauld (1858-1916) escogió para definir su vida: "Presente para Dios... presente para la gente". En el laberinto de declaraciones de objetivos y lemas concisos, diseñados para identificar las pasiones de las organizaciones, iglesias e individuos, pienso que este es el que más me gusta.

El estar presente me recuerda la experiencia que tuvimos mi esposa y yo una vez, durante una caminata por un valle en los Alpes suizos. Habíamos encontrado a un granjero y su perro que reunían a una gran manada de vacas marrones (las que tienen enormes campanas colgadas del cuello). El granjero señalaba un lugar al borde de la manada. El perro corría en esa dirección, luego se detenía de repente para mirar hacia atrás y recibir una segunda orden. El granjero extendía la mano hacia la derecha o la izquierda y el perro, que entonces ladraba con furia, guiaba a las vacas hacia el lugar a donde el granjero quería que fueran.

Luego, el perro volvía a toda velocidad al lado del granjero, se sentaba jadeando y lo miraba a la espera, casi con impaciencia, de que el granjero le diera la siguiente orden. Por alguna razón, esa imagen del perro que está tan presente para su amo, listo para responder, me deja ver lo que debe significar el ajustarse a la definición de la vida de Foucauld.

Presente para Dios

Yo puedo estar presente para Dios al asegurarme de que estoy lo suficientemente tranquilo como para escuchar la clase de susurros que escuchó Elías en la montaña. Al estar sensible a la clase de directrices que Felipe escuchó cuando se le dirigió hacia el carro del etíope. Al estar lo suficientemente despierto como para discernir esa misma voz que le habló a Pablo una noche, cuando le dijo que no tuviera temor, que siguiera hablando, que no se quedara callado, "pues estoy contigo... porque tengo mucha gente en esta ciudad" (Hechos 18.10). Al estar presente para el amor de Dios, para las reprimendas de Dios, para las revelaciones de Dios de sí mismo.

Oswald Chambers escribe: "Que tu motivo no sea el deseo de que te conozcan como una persona que ora. Ten una habitación interior en la que puedas orar, donde nadie sepa que estás orando. Cierra la puerta y habla con Dios en secreto. No tengas otro motivo más que conocer a tu Padre que está en los cielos".

Presente para la gente

¿Es esto más fácil o más difícil que estar presentes para Dios? A mí me resulta fácil estar presente —¿no lo es para todos?— para las personas atractivas, aventajadas, visionarias, inteligentes y agradables. Me encanta estar presente para las personas que me aprecian y que piensan que soy ocurrente y encantador. Mis nietos pertenecen a esta categoría.

¿Pero estar presente para los débiles, pobres, enfermos, malhumorados, inestables, malagradecidos e irrespetuosos? Ese es otro asunto. Muy frecuentemente, mi instinto es ausentarme de ellos. Es aquí donde mi carácter y llamamiento tienen un desafío a diario. A veces triunfo; a menudo sufro una derrota en este asunto de estar presente. Porque estar presente para los demás significa que tengo que escuchar con extremo cuidado, escuchar, y luego responder. Y eso puede ser inconveniente y demasiado agotador.

Por eso me gusta la frase de Foucauld que reduce los asuntos complejos y los programas apretados a seis simples palabras. A eso lo llamamos historia de ascensor: algo que se dice en cuestión segundos y que define toda una vida.

PARA REFLEXIÓN ADICIONAL

1. ¿Tiene alguna declaración personal de objetivos? Si no es así, componga una. ¿Puede reducirla a solo seis palabras?

2. Además de las maneras mencionadas, ¿cómo está presente para Dios?

3. ¿Le es fácil o difícil estar presente para los demás? ¿Cómo podría estar más activamente presente para las personas que lo rodean?

3

CÓMO CULTIVAR EL ALMA

Espíritu del Dios viviente, sé el Jardinero de mi alma... Limpia las ramas muertas del pasado, quiebra los duros terrones de la costumbre y la rutina, añade el rico abono de la visión y el desafío. Entierra en lo más profundo de mi alma la Palabra implantada. Cultiva y cuida mi corazón hasta que brote una nueva vida.

RICHARD FOSTER

Hace treinta años, Gail y yo compramos una vieja granja y le pusimos el nombre de Peace Ledge. Durante el siglo diecinueve, dejaron sin árboles esas tierras para transformarlas en pastizales donde podían criarse enormes bestias de carga. Luego, en los años 1900, la granja fracasó, la abandonaron y, después de setenta años, volvió a convertirse en un bosque.

De vez en cuando, Gail y yo elegimos una pequeña parcela de ese bosque y lo desmontamos. Eliminamos los árboles enfermos. Arrancamos la maleza que presenta un peligro de incendio. Y quitamos las rocas comunes (obsequios de los antiguos glaciares) que podrían causar estragos a las cuchillas de nuestro tractor segador.

Gail y yo disfrutamos de nuestros logros, por un rato, hasta que nuestros ojos detectan otros trabajos que imploran nuestra atención, en zonas adyacentes que no habíamos considerado antes. Esta renovación de nuestra tierra es una tarea de toda la vida. Y cuando perezcamos, nuestros descendientes, supuestamente, continuarán la tarea.

Para mí, esta labor de campo refleja la disciplina de la formación espiritual, porque así como uno cultiva la tierra, regular y sistemáticamente, tiene que cultivar las partes más profundas de la vida interior, donde probablemente Dios susurra (y no grita) las promesas eternas para nuestra vida.

La formación espiritual implica podar, desyerbar, cavar, rastrillar y sembrar, no con sierra ni pala, por supuesto, sino mediante la obra de la adoración, la reflexión, la oración, el estudio y muchas otras actividades orientadas al alma, que se describen en los libros de Richard Foster, Dallas Willard y Henry Nouwen, para nombrar a unos pocos.

Cuando se renueva un pedazo de nuestra tierra, Gail y yo siempre nos vemos sorprendidos por la belleza que sobreviene casi de un día para otro. Las flores silvestres brotan; los animales del bosque llegan de visita; los árboles buenos maduran. Parece que las virtudes de la creación simplemente aparecen. Y cuando atendemos de esa manera al alma, aparecen las virtudes del carácter piadoso.

Con toda franqueza, no creo que muchos hombres y mujeres en el liderazgo sepan esto. Es decir, que *realmente lo sepan*. Lo que impulsa mi opinión son estas impresiones.

Primero, el tema principal de la mayoría de las conferencias de capacitación y motivación de liderazgo: visión, programas ingeniosos y muy bien planificados y grandes instituciones de éxito en aumento. Admito que todo esto es muy bueno. Pero lo que falta es el reconocimiento de que el cultivo del alma antecede a la edificación de una institución. ¿Cómo podemos construir iglesias grandes, sanas y auténticas (el furor actual) sin cultivar el alma de un líder para que soporte el esfuerzo a largo plazo?

Una segunda impresión: la gran cantidad de bajas de hombres y mujeres, que no llegan a cumplir su décimo aniversario en el ministerio cristiano. El agotamiento, el fracaso y la desilusión están cobrando un número terrible de víctimas. Estoy asombrado al ver cuántos líderes simplemente desaparecen, simplemente se van.

Una tercera: las conversaciones constantes que sostengo con hombres y mujeres más jóvenes. Ellos confiesan que se sienten espiritualmente secos, sin motivación, sin esperanza y se preguntan qué hacer al respecto. Y quizás haya una cuarta: nunca olvido cuán cerca, cuán verdaderamente cerca, estuve de quedar eliminado. Aunque mi propio momento determinante de crisis personal ocurrió hace varios años, el recuerdo sigue aún fresco en mi memoria.

Cómo formar el núcleo del alma

Las palabras de San Pablo a Timoteo se ignoran fácilmente en este nuestro estilo de vida, de liderazgo estridente y con alto número de víctimas: "Ejercítate en la piedad... la piedad es útil para todo, ya que incluye una promesa no sólo para la vida presente sino también para la venidera" (1 Timoteo 4.7-8). Yo percibo formación espiritual en estas observaciones.

La formación del alma, para que pueda ser una morada para Dios, es el trabajo principal del líder cristiano. No es un agregado, ni una opción, ni una prioridad de tercer grado. Sin esta actividad central, casi se puede garantizar que él o ella no perdurará en el liderazgo el resto de su vida, o que la obra que se logre reflejará cada vez menos el honor y los propósitos de Dios.

Cuando William Booth, fundador del Ejército de Salvación, tenía veintitantos años le escribió una carta a su esposa en la que describía su sensación de desaliento e ineficacia. Le decía que estaba a punto de renunciar. Catherine, una mujer extraordinaria, le respondió:

> Sé cuán posible es predicar y orar y cantar, e incluso gritar, aun cuando el corazón no está bien con Dios. Sé cómo la fama y la prosperidad tienen la tendencia de entusiasmar y exaltar el ego, si el corazón no es humilde delante de Dios. Sé cómo Satanás saca ventaja de estas cosas para ocasionar la destrucción (si es posible) del que el Señor usa para derribar las fortalezas de su reino, y todas estas consideraciones me hacen temblar, llorar, y orar por ti, mi amado. Que puedas superar todas sus artimañas y, después de haber hecho todo, permanecer de pie, no con tus propias fuerzas, sino en humilde dependencia de aquel que obra "todo en todos"

Según tengo entendido, Catherine tenía veintitrés años cuando escribió esas palabras. Pero no era demasiado joven para "caer en la cuenta". Ella comprendía que el núcleo espiritual de William era la clave para todo lo demás.

Voy a dejar las técnicas de la formación espiritual a otros directores espirituales más capacitados que yo. Lo que ocupa mis pensamientos en la actualidad son las virtudes evidentes que brotan, como flores silvestres, del alma que está alineada con el cielo.

Anthony Bloom escribe acerca de un padre del desierto, a quien invitaron a predicar en una misa a la que asistiría un obispo visitante. El monje se negó a ir y dijo: "Si mi silencio no le habla, mis palabras serán inútiles".

El punto del monje me motiva, ya que he pasado gran parte de mi vida dependiendo de las palabras, de las habilidades sociales y de la capacidad de pensar rápidamente mientras estoy de pie para comunicarme con la gente. ¿Pero cómo podría comunicarme si estuviera limitado al silencio? Eso solo podría ocurrir si hubiera virtudes que emanaran de mi alma, como flores que brotan en un terreno renovado.

Cinco virtudes que debemos cultivar

¿Cuáles podrían ser esas virtudes? Con toda cautela, propongo cinco que a menudo escasean y que, si las descuidamos por mucho tiempo, señalarán nuestra desaparición. La lista no es exhaustiva, ni garantizo que sea la mejor. Pero es mía.

1 Humildad abundante

En primer lugar, desearía que la gente pudiera ver que, como resultado de mi trabajo con el alma, he avanzado en humildad. La humildad no es algo que logramos, sino que es el resultado de otras actividades.

Para ser franco, la gente que me conocía cuando era joven, jamás me habría asociado con la humildad. Me temo que esas personas me recuerdan como un joven lleno de orgullo, quizás demasiado seguro de sí mismo, siempre en movimiento. Competente, quizás algo talentoso, pero no un hombre humilde.

"Un hombre humilde", dijo Isaac de Siria, "nunca está apurado, no se precipita ni perturba, sino siempre permanece calmo. Nada puede sorprenderlo, trastornarlo ni desalentarlo nunca, porque no tiene miedo ni cambia en las tribulaciones, y en los placeres no se exalta ni se sorprende. Todo su gozo y alegría está en lo que le place al Señor".

Si apenas un pequeño fragmento de la virtud de la humildad brota en el suelo de mi alma hoy, solo es porque soy lo suficientemente viejo como para estar bien familiarizado con los abrumadores efectos del pecado, con las realidades de los límites y las responsabilidades personales, y con los efectos corrosivos de los logros perpetuos. Y además de todo esto, es porque he llegado lentamente (¡!) a apreciar la grandeza de Dios y mi lugar delante de él como un niño pequeño.

"El camino del líder cristiano", escribió Henri Nouwen, "no es el camino de la movilidad ascendente en el que el mundo ha invertido tanto, sino el de la movilidad descendente que termina en la cruz... No es un liderazgo de poder y control, sino un liderazgo de impotencia y humildad en el que el siervo sufriente de Dios, Cristo Jesús, se pone de manifiesto".

Las palabras de Nouwen destilan misterio. Tienen poco sentido en la vida donde parece que la planificación, la promoción, la creatividad y el carisma significan todo. Pero esta es la dirección para el líder que perdura y que, al final, es posible que no produzca grandes instituciones, pero que, a la larga, producirá grandes santos.

2 Compasión productiva

Si me obligaran a estar en silencio, desearía, en segundo lugar, que la gente pudiera ver la evidencia de la compasión, como un producto de mi trabajo con el alma. Compasión: capacidad de identificarnos al nivel del corazón con las vulnerabilidades, miedos y tristezas de los demás. Y de identificarnos de tal manera que no nos quedemos paralizados sino que un gran amor nos energice.

Me llegó un correo electrónico de alguien que deseaba saber si le daríamos o no la bienvenida en nuestra congregación, si nos revelaba ciertos secretos de su vida. "No deseo ser el proyecto de nadie", escribió esa persona.

Esas palabras me perforaron el alma, porque me di cuenta de cuán fácil es hacer encajar a las personas, como proyectos, en programas y pasar por alto la agotadora experiencia de la auténtica identificación con la batalla.

Seré franco con mi opinión. El mundo en general no toma las muestras de compasión de la rama del cristianismo a la que pertenezco. A pesar de que Nicholas Kristof del *New York Times* frecuentemente aplaude nuestro movimiento, por sus extensos programas contra el SIDA, por la construcción de viviendas y hospitales y nuestra respuesta a catástrofes, no se nos conoce como gente compasiva cuando hacemos estas cosas. Todos nuestros mejores esfuerzos están cubiertos por una sensación de que somos orgullosos, enojados y vengativos en nuestros enfoques selectivos hacia los que necesitan alguna forma de redención.

No deseo que me perciban como una persona severa, con un mensaje acusatorio, que de vez en cuando hace buenas obras. Es mucho mejor que se me perciba como un sanador herido, que intercambia sus vendajes con el que no tiene nada que ofrecer a cambio.

3 Determinación, no obstinación

Si tuviera que vivir en silencio total, en tercer lugar, desearía que la formación espiritual produjera determinación en mí. La determinación no es obstinación, ni resistencia al cambio. Más bien es una aceptación permanente de ciertos propósitos y compromisos de los que nunca nos retraeremos.

Determinación significa veracidad de carácter, cumplimiento de promesas, fidelidad a las relaciones claves, y (lo más importante), vivir en obediencia a Jesús. Dicha determinación no ha sido parte de mi naturaleza. Si es parte de mí hoy día es porque he tenido que adquirirla. El impulso a renunciar, a evadir, a huir es algo que me resulta natural y, si no fuera por algunos mentores y una esposa muy fuerte que me desafió a enfrentar todo esto, no tengo idea de dónde estaría hoy.

En mi proceso de formación espiritual fue donde tuve que hacerle frente al "gen del cobarde" que vive en mí. A través de reprimendas, de la inspiración de las vidas de los grandes de la Biblia (y de los santos además de ellos), y a través del estímulo de mi comunidad personal, adquirí algo de la disciplina de la determinación. Hoy día, me gusta pensar que soy una persona bastante "determinada", pero sin la continua restauración del alma, eso no podría haber ocurrido.

"Por lo tanto, mis queridos hermanos, manténganse firmes e inconmovibles, progresando siempre", les escribió Pablo a los corintios (1 Corintios 15.58). No hay duda de que estaba tratando de comunicar algo importante. Quizás le estaba hablando a gente que, por lo general, no solía ser digna de confianza, que no perduraba en sus compromisos, que sucumbía frente a la presión: gente como mi yo natural.

4 Fe más allá de la vista

Si me quitaran las palabras, tengo la esperanza de que los demás verían fe en mí. Fe es la capacidad de confiar y recurrir al poder de Dios más allá de mi racionalidad, de mi pesimismo instintivo, de mi voluntad de conformarme con menos.

Me encanta leer de y observar a las personas que actúan por fe, y esto es parte de mis actividades de formación espiritual. Las personas con fe me inspiran. Nunca me canso de John Wesley, William Wilberforce, la condesa de Huntingdon y Charles Simeon. Todos ellos fueron evangélicos del Siglo XVIII que tuvieron la valentía de creer que el evangelio de Jesucristo podía alterar la estructura social de Inglaterra. Cuando termino con cualquiera de ellos en mis libros, estoy listo para ponerme en movimiento, y creo que Dios puede dar esa clase de transformaciones hoy día.

A menudo me atrae a la historia bíblica de la viuda pobre que puso sus dos "moneditas de cobre" en las alcancías del templo y dio, según Jesús, "todo lo que tenía" (compare Lucas 21.2-4). Eso es fe en pocas palabras: la ofrenda serena, silenciosa y poco ostentosa de todos sus bienes, con la confianza de que Dios proveería para todo lo que ella necesitara.

Formación espiritual significa desarrollar un corazón que se sienta cómodo al pedir y creer que Dios puede hacer lo que parece imposible. Es orar por la sanidad de los enfermos, por la transformación de los perversos, por que se retire la carga del opresor.

Existe una íntima conexión entre la fe y la visión. Veo mucho de ambas cuando se trata de construir instituciones y edificios. Creo que me gustaría demostrar menos mi propia fe y visión en instituciones y más en las posibilidades que Dios tiene para la gente.

5 Autocontrol

Si mi vida, como el monje del relato de Anthony Bloom, tuviera que transcurrir en silencio, tengo la esperanza de que el fruto espiritual del autocontrol sería evidente.

Esto, por supuesto, tiene mucho que ver con la disciplina y la disposición de cada uno de cultivar la habilidad de decirle no al mal, y sí a las cosas correctas de la vida. En realidad, no es un tema popular.

El autocontrol entra en acción cuando el líder enfrenta oposición, lo calumnian, lo desprecian, lo ignoran o le exigen que sobrepase las exigencias. ¿Cómo responde el líder? El autocontrol tiene que ver con nuestro uso del dinero, con nuestro manejo del poder y las influencias y con nuestra reacción a las adulaciones exageradas. ¿Cómo le ponemos límites saludables a nuestra vida?

El Antiguo Testamento da varios ejemplos de individuos que carecieron de autocontrol: Sansón, Saúl y Salomón vienen a la mente. ¿Y los campeones? José, por supuesto. Y Daniel. Y Ester.

Cuando me imagino el autocontrol al máximo, pienso en Jesús en el huerto de Getsemaní, rodeado de amigos poco confiables, de soldados crueles que fueron a arrestarlo y del insidioso Judas Iscariote. ¡Qué momento para perder la calma! Pero Jesús no la perdió. Mantuvo su dignidad y se convirtió en el centro sereno de una situación sumamente caótica. Eso es autocontrol.

"Es característico en los líderes que soporten el rechazo, que aguanten los impactos, que actúen como amortiguadores y que toleren el asedio", escribió Fred Mitchell, líder de la antigua Misión del Interior de China (China Inland Mission). "El desgaste, las fricciones y pruebas constantes que asolan a los siervos de Dios son las pruebas más grandes de su carácter".

Formación constante

Afuera de la ventana del pequeño estudio que tengo aquí en Peace Ledge hay una gran roca. Probablemente se requeriría de una caja de un metro y medio de alto, de ancho y de profundidad, si tuviera que enviarla a alguna parte. Hace muchos años, la roca estaba enterrada en el suelo y solamente cinco o diez centímetros asomaban a la superficie. Mi esposa, pensando que sería una tarea fácil, comenzó a excavar para sacarla.

Cuanto más excavaba, más cuenta se daba de que era un enorme proyecto el que había emprendido. Pero no podía echarse atrás. Dos días después, sacamos (a ese punto ya me había incluido en la tarea) el gigantesco pedazo de piedra, de un hoyo lo suficientemente grande como para una piscina de natación (estoy exagerando para demostrar mi punto). Mientras escribo estas páginas, puedo ver la roca que solía estar sumergida en la tierra fuera de mi ventana.

La piedra es un recordatorio constante de la formación espiritual. Es necesario sacar algunas cosas. No obstante, es necesario cortar más cosas. Y es necesario sembrar otras cosas. Finalmente, con el paso del tiempo, tenemos algo hermoso. Verdaderamente hermoso.

Y no se necesitan palabras para decirles a los demás lo que están viendo. Pueden observar cómo Dios obra en su vida, aun cuando sólo haya silencio. La formación espiritual puede ocurrir sin que se emita una sola palabra.

PARA REFLEXIÓN ADICIONAL

1. ¿Cuáles de las cinco virtudes mencionadas son evidentes en su vida? ¿Cómo se han cultivado? ¿Falta alguna de ellas en su vida?

2. ¿Qué autores lo alimentan espiritualmente de manera regular? ¿Cómo influyen en su propia formación espiritual?

3. ¿Cómo puede mantener el equilibrio entre el impulso a triunfar y la visión de crecimiento con el ser la clase de líder que describe Henri Nouwen (véase la página xxx)?

4

LO QUE QUIERO SER CUANDO SEA GRANDE

*Les ruego que vivan de una manera digna del
llamamiento que han recibido.*

EFESIOS 4.1

Durante dos de los años que estuve en el seminario, fui pastor de una pequeña iglesia rural a 280 km. de Denver. Durante un año, Gail y yo ahorramos dinero al vivir en la pequeña casa pastoral de la iglesia. Eso implicó que los martes tuviera que salir de casa a las cuatro de la mañana, y manejar tres horas a Denver en nuestro pequeño Escarabajo Volkswagen.

El camino por la Ruta 36, desde la frontera de Kansas a Denver, era un tramo casi directo. Cuando miraba hacia el oeste en el horizonte, tenía la sensación de que el automóvil podía ir en cualquier dirección y que nunca se toparía con ninguna barrera. Era un trayecto sin complicaciones.

Algunas veces, la vida suele ser así. No hay obstáculos. Sentimos que, *podemos hacer cualquier cosa que queramos si estamos dispuestos a trabajar arduamente. Y si oramos bastante. Y si estudiamos bastante.* Yo solía creer eso.

Pero de vuelta en la Ruta 36. Justo después del pueblo de Last Chance (Última Oportunidad), Colorado, de repente aparecen tres picos de montaña en el horizonte —Pike's Peak al sur, Long's Peak al norte y el monte Evans directamente al oeste. Al instante, la ilusión de un viaje sin barreras desaparece, cuando nos damos cuenta de que tres obstáculos sólidos, y bastante voluminosos, representan una reducción de opciones.

A veces, en el liderazgo también llegamos a un "Last Chance". Llega el día en que descubrimos las barreras y los límites personales: Yo no puedo hacer esto tan bien como... En realidad, no tengo el don de... Esta tarea requiere algo que simplemente no estoy capacitado para hacerlo.

Se acumulan las obligaciones. Quizás un cónyuge. Quizás un hijo o dos. Quizás nuestras responsabilidades hacia los miembros de la familia extendida. A ellos les agradaría que los llamáramos barreras. Pero, no obstante, reducen las otras opciones.

Ese puede ser un momento difícil para los líderes jóvenes. Los sueños que solían ser emocionantes, se ven lentamente modificados por la realidad. Y, poco a poco, descubrimos la razón por la cual estamos en esta "empresa" de servir a Dios. Es probable que no lleguemos a ser héroes, y que el mundo no corra a nuestra puerta en busca de nuestra sabiduría. Y eso está bien.

Pero permítame finalizar mi parábola.

En el trayecto hacia Denver, cuando uno se acerca a la ciudad hay a un punto donde el extenso despliegue de las Montañas Rocosas se eleva como un muro impenetrable. Donde sólo tres barreras, bien espaciadas, interrumpían el horizonte, ahora múltiples barreras llenan nuestros ojos. Se adquiere la sensación de que no se puede ir a ningún lado. ¡Está atrapado! Se invierte la ilusión de que no hay barreras.

Esa es la percepción de más de una persona de mediana edad en el liderazgo. Se acabó la frescura, y los temores de mediocridad, ineficacia, y de perderse en la confusión son nocivos.

La crisis de la mediana edad en el liderazgo

Penetre la barrera de los pensamientos silenciosos de muchos líderes de cuarenta y cincuenta años, y descubrirá que esta pared es una percepción muy real: *¿A dónde puedo ir? ¿Y a quién le puedo decir que temo no poder ir a ninguna parte? ¿Y por qué siento vergüenza de siquiera preocuparme por estas cosas? ¿Acaso se preocuparían mis héroes, de ahora y de antaño, por las paredes? ¿Qué me está ocurriendo?*

Cuando llega al "Denver" de mi parábola, tiene tres opciones:

1. tratar de regresar al punto de origen, a la "juventud", donde todavía existe el sueño de que no hay límites;

2. tratar de conducir en círculos, maldiciendo a la pared y quejándose de que es imposible regresar, o (y esta es una importante posibilidad)

3. tratar de escalar la pared para encontrar los pasos y túneles que conducen a unos últimos cuarenta años de vida saludables, espiritualmente vigorosos y personalmente efectivos.

¡Yo estoy en el punto de mi vida en el que he pasado por la pared y he disfrutado el proceso! Ahora sé que la vida de los días "sin barreras" era agradable, pero terriblemente irreal.

No me sorprende que en esa época, los hombres mayores nunca me buscaban para que les diera consejos y sabiduría. Eran amables conmigo, escuchaban mis sermones y me seguían cuando yo tenía entusiasmo y buenas ideas. Pero ahora sé lo que pensaban: *Es un buen muchacho que necesita crecer un poco, antes de que esté listo para conocer nuestro corazón.*

Me tocó el turno de conducir en círculos. En un momento de tristeza y fracaso personal, tuve que dar vueltas mientras Gail y yo buscábamos la voz del Señor en cuanto a nuestro futuro: existiera o no. Esos fueron algunos de los días de mayor oscuridad en mi vida. Pero fueron también días de una ternura inolvidable, en los que Dios, mediante el dolor, nos enseñó algunas cosas que jamás habríamos aprendido de otra manera.

Porque Dios es un Dios amoroso y lleno de gracia, y porque yo estaba rodeado de algunos hombres y mujeres que creían en la gracia restauradora, descubrí el futuro en los pasillos y túneles que conducen al otro lado de la pared.

El crecimiento y la gracia

Fue un día importante cuando esta pregunta me impactó: *¿Qué clase de anciano quiero ser?* Y opté por el crecimiento y la gracia como mi estilo de vida para la vejez. Me encantan las palabras de Tennyson en su poema "Ulises". Se imagina al viejo Ulises, cansado de tantos viajes, meditando el que podría hacer otra vez después de haber visto el mundo:

A pesar de que mucho se ha perdido, queda mucho; y, a pesar de que
No tenemos ahora el vigor que antaño
Movía la tierra y los cielos, lo que somos, somos:
Un espíritu ecuánime de corazones heroicos,
Debilitados por el tiempo y el destino, pero con una voluntad decidida
A combatir, buscar, encontrar y no ceder.

Para mí, esto lo expresa todo: "con una voluntad decidida a luchar, buscar, encontrar y no ceder". Este es un anciano que eligió el crecimiento como su estilo de vida para la vejez, cuando otros ancianos optaban por ir a la versión griega de la Florida y los campos para jugar tejo.

O quizás podría haber usado las palabras de Pablo: "Aunque por fuera nos vamos desgastando, por dentro nos vamos renovando día tras día" (2 Corintios 4.16). Y también: "He peleado la buena batalla, he terminado la carrera" (2 Timoteo 4.7). Me encanta el entusiasmo del Ulises de Tennyson y autodeterminación de Pablo.

De modo que cuando llegué a la mediana edad, le pedí a Dios un renacimiento de mente y espíritu. Y encontré una maravillosa liberación. La liberación de creer que siempre tenía que tener la razón y que tenía que complacer la definición de ortodoxia de todos; la liberación de siempre tener que ser más exitoso este año que el anterior; la liberación del miedo a no caerle bien a todos; la lenta y certera liberación que decía: *Alégrate con ser agradable a Cristo, con ser un amante para tu esposa, un abuelo para los hijos de tus hijos, un amigo para los que desean compartir su vida contigo y un siervo para tu generación.*

En parte, esa liberación provino de la gracia y del amor de Jesús, y también de tener que limpiar después de un fracaso. Los que me conocían entonces conocieron mis peores momentos, mis fracasos más vergonzosos. Tuve la libertad de abrir mi vida y ser lo que era: un pecador que sólo sobrevive gracias a la misericordia de Cristo.

Ahora hay libertad para hablar de miedos, dudas, decepciones y debilidades. Porque si algo bueno proviene de alguien como yo, proviene en realidad de Dios. Pablo fue el que lo dijo de mejor manera: "Porque cuando soy débil, entonces soy fuerte" (2 Corintios 12.10).

La definición de mi misión

Seguí batallando con la pregunta: *¿Qué clase de anciano quiero ser?* Miré a mi alrededor y me di cuenta de que no conocía a muchos ancianos que me impresionaran con los mismos rasgos que menciona el Ulises de Tennyson.

¿Por qué? Quizás porque la mayoría de hombres y mujeres nunca desarrolla un plan de crecimiento para la vejez. Y si no planifica la clase de hombre (o mujer) que quiere ser a los ochenta (Dios mediante) y comienza a desarrollarlo a los cuarenta o cincuenta, lo más probable es que ello nunca ocurra.

Eso es lo que me impulsó a definir mis objetivos personales. Sin objetivos, las personas viven por reacción y no por causalidad. Yo había escrito algunas declaraciones de objetivos para organizaciones. ¿Por qué no escribir una para mí?

Hoy día, mi declaración de objetivos se encuentra en la segunda página de mi diario, donde la leo todas las mañanas al comenzar el día. Define mi dirección y canaliza mi entusiasmo:

> *Mi vida está concentrada en servir a los propósitos de Dios en mi generación, de manera que el reino de Cristo pueda estar más firmemente establecido dondequiera que yo vaya. En mi trato con la gente, deseo ser una fuente de esperanza, aliento, entusiasmo, amistad y servicio. Como hombre, busco ampliar cada día mi espíritu, de modo que pueda ser una morada para Cristo, una fuente de sabiduría y santidad para el Señor.*

Es una declaración funcional, que describe en términos amplios y grandes lo que deseo hacer con mi vida. Me llama a crecer mediante una búsqueda constante de los propósitos de Dios para la época en que vivo. Y me coloca directamente en la misión de construir el reino: llamar a la gente a las condiciones del reino en el mundo en el que vivo.

Es una declaración de calidad, que me recuerda todos los día la clase de hombre que deseo ser, lo que creo que Jesús me ha llamado a ser: un siervo. Sé que las palabras son elevadas. Se supone que deben serlo. No vale la pena ir tras de una misión que no sea elevada. Deseo que mi mente y espíritu tengan el desafío diario de lo que Pablo denominó "el llamamiento celestial en Cristo Jesús" (Filipenses 3.14).

También es una misión relacional. Me invita a niveles altos cuando interactúo con la gente y describe algunos de esos niveles. Esboza lo que deseo ofrecer en mi relación. Más de una vez me he levantado de mal humor y he estado un poco gruñón con Gail. Y luego, después de haber gruñido con éxito, he acudido a mi declaración de objetivos en cuanto a la esperanza, el aliento, el entusiasmo, la amistad y el servicio. Por lo general, lo que sigue es arrepentimiento.

He escuchado a la gente quejarse de las declaraciones de objetivos. Algunos dicen: "Son demasiado administrativas". Otros dicen: "No encajan con mi temperamento". "Demasiado amplias, demasiado generales, demasiado etéreas". Pero a mí me fascina una enseñanza poco conocida que se encuentra en Deuteronomio 17, donde Moisés habla de los reyes futuros. Dice que los reyes tienen que tener cuidado de hacer ciertas cosas y de no hacer otras (tales como tener muchas esposas, adquirir caballos, acumular oro y plata, o enviar gente de regreso a Egipto).

Entonces, después de haber emitido esa advertencia, Moisés dijo: "Cuando el rey tome posesión de su reino, ordenará que le hagan una copia del libro de la ley, que está al cuidado de los sacerdotes levitas. Esta copia la tendrá siempre a su alcance y la leerá todos los días de su vida. Así aprenderá a temer al Señor su Dios, cumplirá fielmente todas las palabras de esta ley y sus preceptos" (Deuteronomio 17.18-19).

¿Acaso no describe esto una declaración de objetivos? Es interesante que diga que el rey "ordena que le hagan una copia". Él debe leer todos los días lo que se ha escrito. ¿Por qué? Porque la vida del rey está expuesta a toda clase de seducciones y engaños internos y externos. Necesita algo que le recuerde a dónde tiene que ir y qué es lo que tiene que evitar.

Tanto reyes como líderes cristianos tendrían que forjarse una declaración semejante, un pacto de crecimiento.

Mis objetivos secundarios

Pero es probable que una declaración de misión no sea suficiente. Al principio de esta búsqueda, comencé a pensar en "objetivos secundarios", metas similares para cada área importante de mi vida. Pude identificar siete áreas que necesitan disciplina:

El área física: Mi objetivo secundario es mantener mi cuerpo sano, mediante buenos hábitos, ejercicio regular, nutrición prudente y disciplina para mantener mi peso.

El área relacional: Mi objetivo secundario es amar a mi esposa de acuerdo al patrón del amor de Cristo, disfrutar de su amistad y asegurarme de que su calidad de vida sea la mejor que puedo ofrecerle. Es ser un hombre de familia lo más fiel posible a mis hijos y nietos. Y, por último, ser un amigo vigoroso de un pequeño círculo de hombres y mujeres al que me siento conectado. Además de todo esto, deseo ser un miembro que contribuye a mi generación, que siempre le dé a la gente más de lo que tomo.

El área intelectual: Mi objetivo secundario es elevar mi curva de aprendizaje cuando sea posible, mediante la lectura y el contacto con las personas pensantes y disciplinas de la actualidad.

El área financiera: Mi objetivo secundario es ser generoso, no tener deudas, gastar dinero con moderación y planificar con cuidado para los años de mi vida en los que puede ser difícil la producción de ingresos.

El área vocacional: Mi objetivo secundario es representar los propósitos de Dios para mi generación y enseñar, escribir y modelar todos los aspectos de la "calidad de espíritu". Me gustaría que todo esto ocurriera tanto dentro como fuera de la comunidad cristiana.

El área espiritual: Mi objetivo secundario es ser un hombre centrado, santo, obediente y respetuoso ante de Dios y su mundo; doblegar mi vida de manera que esté controlada por el Espíritu que está en mí, de modo que la gente avance un paso más hacia Cristo por mí.

El área recreativa: Mi objetivo secundario es buscar la restauración de este mundo disfrutando de la creación, cuidándola y buscando su reconciliación con el Creador.

Casi todas las mañanas leo estas declaraciones como parte de mis meditaciones personales. Estos son algunos de mis comentarios al respecto:

Primero, reflejan lo que personalmente pienso que Dios desea de mí. Ya no me comparo con los apóstoles ni con los héroes. Sus logros fueron y aún son únicos; pero también lo son los míos. Mis objetivos secundarios me entusiasman. En ellas, busco cierta nobleza. Me motivan a vivir de una mejor manera.

Segundo, representan una variedad de sueños y reflejan mi vida como una persona íntegra: en contacto con mi cuerpo, mi mente, mis habilidades, mis amigos y mi mundo.

Tercero, son flexibles. A lo largo de los años, he ajustado estas declaraciones a medida que he descubierto nuevos intereses y capacidades.

Por último, no son sueños agobiantes. Son indefinidas. Si me deslizo un poco hacia atrás, no me hacen sentir culpable. Pero le aseguro que, a veces, cuando las leo, me reprenden y censuran.

Mi diario

A lo largo de los años he sumado otras cuantas actividades a mis disciplinas espirituales. La primera y más importante de todas es la de escribir en mi diario. Mi diario tiene una fecha de iniciación de alrededor de 1968. Y desde entonces, he logrado mantener un registro de casi todos los días de mi vida.

Comencé a llevar un diario porque descubrí que muchos santos lo consideraban como algo provechoso. Esta es una de las veces en que imité a mis héroes. Los santos y místicos vivían sin televisor, sin teléfonos y sin todas las otras brillantes interrupciones a las que hemos dado cabida en nuestra vida. El compromiso de llevar un diario me forzó a alejarme de las distracciones. Me obligó a pensar, a evaluar, a reflexionar y a recordar. Me brindó una manera de observar los acontecimientos e impresiones para interpretar la presencia de Dios en todo ello.

Hoy día, escribo mi diario en una computadora portátil, una concesión a la tecnología. Me permite escribir más, hacerlo con mayor rapidez, y me permite superar la repugnancia que me ocasiona mi propia letra.

Este diario se convierte en la herramienta para medir el crecimiento a corto y largo plazo. Las mediciones a corto plazo son cotidianas. Con frecuencia, concluyo mis anotaciones en el diario de la siguiente manera: "Los resultados de hoy pueden ser medidos por medio de _____". Enumero las cosas que creo que debería lograr y lo que se requiere para considerar que dichos logros se alcanzaron. Cuando regreso a la lista al día siguiente y escribo "hecho" a la par de cada uno, experimento una sensación de bienestar.

A veces, sólo escribo objetivos simples como: "Disfrutar de una magnífica tarde con Gail", o "Revisar el calendario de viajes y asegurarme de que está al día".

Para el crecimiento a largo plazo, uso el diario para examinar la condición de mi alma. *¿Qué me han dicho las Escrituras? ¿Qué me dice Dios a través de mis meditaciones? ¿Qué sensaciones, temas y actitudes predominan en estos días? ¿Siento temor, estoy preocupado, malhumorado o enojado? ¿Qué sensibilidades se están fomentando? ¿Qué nuevos pensamientos o nuevas inquietudes podrían ser la manera en que Dios está dirigiendo mi vida?* Todo esto debe escribirse en mi mundo, de otra manera sólo pasa por mi conciencia y se va, sin tener ningún efecto.

También uso mi diario aproximadamente cada cuatro meses, para evaluar mi avance y crecimiento. El día de Año Nuevo, mi cumpleaños (en abril) y el final de las vacaciones (el 30 de agosto) son generalmente los momentos en que contemplo los meses pasados y hago las preguntas del gran Sabbat: ¿Dónde he estado? ¿Ha sido fructífero el viaje? ¿A dónde tendría que ir? ¿Tengo los recursos necesarios para llegar a ese lugar?

Después de todas esas palabras acerca de ir en busca del crecimiento, debo admitir que no hay garantías contra el fracaso. Algunas de las mejores personas de la historia bíblica fracasaron —y de manera terrible. Lo que los destacó, la mayor parte del tiempo, no fueron sus extraordinarios logros, sino su arrepentimiento y espíritu quebrantado. ¿Y no es el espíritu quebrantado lo que Dios dijo que es lo que más le agrada?

Mis preguntas

No puede haber crecimiento cuando el éxito es superficial y el corazón está engañado. En la Biblia, el poder de las preguntas difíciles casi siempre desafió al engaño. A Caín: "¿Por qué andas cabizbajo?" (Génesis 4.6). A Ezequías: "¿Y qué vieron [los babilonios] en tu palacio?" (2 Reyes 20.15). A Judas: "¿Por qué estás aquí?" (comparar con Mateo 26.50). A Ananías y Safira: "¿Por qué le han mentido al Espíritu Santo?" (comparar con Hechos 5.3).

Gail y yo hemos recopilado algunas preguntas difíciles que nos hacemos cuando pensamos en el crecimiento. Preguntas como:

- ¿Me pongo demasiado a la defensiva cuando me hacen preguntas sobre el uso de mi tiempo y la regularidad de mis disciplinas espirituales?
- ¿Estoy encerrado en una agenda que no me brinda momentos de descanso o entretenimiento con amigos y parientes?
- ¿Qué dice mi agenda sobre mi tiempo para estudiar, leer en general y hacer ejercicio?
- ¿Cuál es la calidad de mis palabras? ¿Me quejo y lloriqueo? ¿Suelo criticar a la gente y a las instituciones, o a aquellos a los que claramente no les agrado?
- ¿Me atraen programas o espectáculos de televisión que no reflejan mi cultura espiritual deseada?
- ¿Me veo tentado a distorsionar la verdad, a agrandar las cifras que me son favorables o a relatar historias que me hacen lucir bien?
- ¿Culpo a los demás por cosas que son mi culpa o resultado de mis propias decisiones?
- ¿Está mi espíritu en un estado de quietud, que me permite oír hablar a Dios?

En *Rebuilding Your Broken World,* relaté la historia de Matthias Rust, el joven piloto alemán que condujo un avión de alquiler hasta el corazón de la antigua Unión Soviética, y aterrizó en la Plaza Roja de Moscú. Siempre pensé que era un buen ejemplo de lo que le puede ocurrirle a cualquier líder cristiano en cualquier momento. Los rusos estaban seguros de que tenían el mejor sistema de defensa aérea del mundo y, sin embargo, un adolescente penetró su espacio aéreo y se desplazó hasta la puerta de entrada del Kremlin. Ningún seguidor de Cristo puede sentirse confiado de que está creciendo si no vive en un estado de permanente arrepentimiento, con un pesar santo que reconoce que sin el poder y la gracia de Cristo sucumbiremos al mal que habita en nosotros, hasta el día que Cristo vuelva.

Llegar a dominar el crecimiento pastoral no depende principalmente de que nos comparemos con los santos y los héroes. Aunque es valioso aprender de sus vidas, ellos forman parte de la nube de testigos de la que habla el escritor de Hebreos (comparar con Hebreos 12.1). Permanecen en las tribunas mientras nosotros corremos nuestro tramo de la carrera. No podemos compararnos con su desempeño. Más bien, nuestros ojos tienen que estar puestos en aquel que corre con nosotros. Demos gracias a Dios porque está a nuestro lado mientras corremos, porque nos levanta cuando caemos, porque redefine nuestra dirección cuando estamos perdidos, porque nos alienta cuando nos cansamos y porque nos presentará al Padre cuando finalicemos nuestra carrera.

Una palabra de advertencia

Tengo que ir un paso más allá y observar algunas cosas sobre el crecimiento personal que parecen algo desalentadoras al principio. A base de errores he aprendido que tener una declaración de misión, una serie de objetivos secundarios, escribir en un diario y hacer evaluaciones no es una promesa de éxito. Conozco el fracaso, y no he encontrado ninguna manera humana que garantice que no ocurra.

Hace muchos años, era amigo de un hombre mayor piadoso que llevaba a Cristo a la gente más rara. Un día estábamos desayunando juntos y Lee comenzó a contarme acerca de un viaje reciente a Boston. —Al acercarme a la ciudad —me dijo—, me di cuenta de que iba a estacionar mi auto e iba a caminar en una zona de combate (la famosa zona roja de Boston). Así que me detuve en un área de descanso y me puse a orar para pedirle a Dios que me protegiera de las tentaciones al pasar junto a todas esas tiendas de pornografía y burdeles.

—Espera un minuto, Lee —lo interrumpí—. No deseo ofenderte, pero tú tienes ya setenta y ocho años. ¿Me estás diciendo que te preocupan las tentaciones sexuales a tu edad, después de todos esos años de seguir al Señor?

Lee me miró con intensidad. —Hijo, porque sea viejo no quiere decir que no me corra sangre por las venas. La diferencia entre los viejos y los jóvenes como tú es esta: nosotros sabemos que somos pecadores. Tenemos mucha experiencia. Ustedes los muchachos todavía no lo han descubierto.

Ahora entiendo un poco lo que este anciano me estaba diciendo. Y comprendo la razón por la que los hombres y las mujeres de edad que están creciendo se encuentran entre las personas más misericordiosas y comprensivas que existen.

No puede haber crecimiento sin un poderoso respeto a la realidad del mal interior y su obra insidiosa mediante el autoengaño. Nos lleva a mentirle a Dios, a nosotros mismos y a los demás. Las disciplinas espirituales tienen como propósito llevarnos a la presencia de Dios, pero además, nos sensibilizan a las mentiras que tan fácilmente podemos creer.

El líder constantemente es blanco de las tentaciones. Nunca estamos lejos de la declaración que el rey Nabucodonosor hizo en los muros de Babilonia, cuando dijo: "¡Miren la gran Babilonia que he construido como capital del reino! ¡La he construido con mi gran poder, para mi propia honra!" (Daniel 4.30). Vea a su alrededor a algunos de los que han sido engañados por el éxito del ministerio en los medios de comunicación, por el éxito de la recaudación de fondos, por la sensación que se encuentra en las instituciones de crecimiento rápido, o por el dinero que se acumula con cuotas elevadas y "ofrendas de amor".

Cuanto más envejezco, más me doy cuenta de mi condición de bárbaro amado por mi Padre. Quizás esta sea la noción más importante que viene con la edad. Casi todas las personas mayores que están creciendo tienen ciertos rasgos en común. Uno de ellos es que saben sin equivocarse que son pecadores. Y han llegado a apreciar la importancia primordial de la gracia.

PARA REFLEXIÓN ADICIONAL

1. ¿Qué barreras y límites personales ha descubierto en su propia vida, que están en conflicto con sus ideales de juventud?

2. Hágase la siguiente pregunta: "¿Qué clase de anciano (o anciana) deseo ser?", y por qué.

3. Observe su declaración personal de misión y componga algunos objetivos secundarios: metas grandes para cada área importante de su vida. Expréselos con palabras que lo alerten sobre cualquier autoengaño que pueda llevarlo fácilmente a caer en tentación y perdición.

5

CÓMO DISEÑAR UN MAPA DE NUESTRO MUNDO INTERIOR

Llevar un registro cuidadoso de nuestra trayectoria espiritual puede contribuir a promover la piedad. Nos puede ayudar en nuestra meditación y oración. Nos puede hacernos recordar la fidelidad y obra de Dios. Nos puede ayudar a entendernos y evaluarnos a nosotros mismos. Nos puede ayudar a controlar nuestras metas y prioridades, así como a mantener otras disciplinas espirituales.

DONALD WHITNEY

Llevar un diario es una herramienta tan valiosa, que deseo compartir más de mi propia experiencia aquí. Cuando comencé a escribir en un diario, fue porque necesitaba un "amigo" y no me iba demasiado bien con los de carne y hueso. Había pasado varias semanas con muchísimo estrés, del que los jóvenes pastores no desean enfrentar. Había ignorado la necesidad de una renovación espiritual; había descuidado a mi familia; había permitido que me agobiaran los problemas de los demás. Allí estaba yo, un sábado a la mañana, llorando sin parar en los brazos de mi esposa.

Tuve miedo y sentí el sabor de un alma vacía. *Esto no puede volver a ocurrir,* pensé, y me di cuenta de que escribir todos los días en un diario me obligaría a tratar de frente con mis emociones, con mi estado espiritual (o falta de él) y con el significado de mi vida. Y no quedé defraudado.

Un diálogo con el alma

¿Cuál era el propósito de mi diario? Un diario —al menos en mi libro— es un diálogo con el alma. Incluye un registro de acontecimientos, pero también trata de exponer la envergadura de esos hechos. *¿Qué dice Dios a través de esto? ¿Qué estoy aprendiendo? ¿Cómo me siento? ¿Qué principios emanan de estos acontecimientos?*

Más allá de eso, deseaba que mi diario fuera una historia de mi propio camino y del camino (en lo posible) de mis seres más íntimos. Los mejores y peores momentos de mi matrimonio están en mis diarios. Algún día, nuestros hijos y nietos van a poder volver atrás y recapturar los acontecimientos destacados de nuestra vida, tal como los percibieron los ojos de su padre. Sabrán cuánto los he querido y qué orgulloso me siento de sus elecciones en la vida. Hay momentos en que utilicé mi diario para orar y adorar. Aquí y allá hay indicios de avances espirituales. Y el diario ha preservado vivas memorias de los momentos más extraordinarios (buenos y malos) de mi vida.

Las posibilidades de un diario

Cuando escribimos en nuestro diario con regularidad, varias cosas se tornan posibles:

- *Lo invisible y lo efímero se ve forzado a convertirse en realidad.* Una vez que nombramos nuestros sentimientos, miedos y sueños, podemos enfrentarlos, orar por ellos y someterlos a Dios. Llegan a estar bajo control y dejan de contaminar la mente y el alma.
- *Se preservan las experiencias de aprendizaje.* Si registro y reflexiono sobre las experiencias de cada día, las añado a mi base de sabiduría. Cosas que por lo general olvidamos o se pierden en el inconsciente, ahora, como libros en un

estante de biblioteca, esperan que recurramos a ellos cuando emergen momentos similares en el futuro. Ahora tenemos precedentes a los cuales recurrir.

- *Recuerdos de las magníficas y misericordiosas obras de Dios.* "Escribe esto en un rollo como algo que recordar y asegúrate de que Josué lo escuche", le dijo Dios a Moisés después de una gran victoria. Mientras Israel marchaba por el desierto y experimentaba el cuidado providencial de Dios, él les hizo construir monumentos para que recordaran. Un día me di cuenta de que mi diario era un recordatorio de la suficiencia de Dios.

- *Puedo trazar un mapa de las áreas donde más necesito crecer y madurar.* Cuando miro mis diarios de hace treinta años, me doy cuenta de que, a lo largo de los años, lidiaba con los mismos problemas. La buena noticia es que los pasos que di entonces, mientras escribía sobre esos temas, se convirtieron en disciplinas. Y hoy día, aun cuando hay problemas, mi tasa de "superación" es sustancialmente más alta. No podría haber detectado muchos de esos problemas, de no haber escrito acerca de ellos día tras día.

- *Un diario les da vida a nuestros sueños.* A medida que las ideas invadían mi mente a lo largo de los años, he escrito sobre ellas. Ponerlas por escrito me ha ayudado a discernir las ideas sin sentido y a desarrollar las buenas. Muchas de las cosas que he hecho en los últimos años tuvieron su origen en diarios anteriores.

PARA REFLEXIÓN ADICIONAL

1. ¿Le agrada la idea de un diario? ¿Por qué sí y por qué no?

2. Si todavía no tiene uno, comience un diario. Úselo para registrar sus pensamientos, oraciones e ideas, y como una manera de seguirle el rastro a su crecimiento espiritual.

3. Si no ha llevado un diario regularmente, piense en desarrollar esta costumbre como una nueva disciplina espiritual. Después de cuarenta y cinco días, piense en lo que ha aprendido de este experimento. ¿Va a continuar?

6

EN BUSCA DE NUESTRAS MOTIVACIONES

*¿Quién es de corazón puro? Sólo los que han rendido
por completo su corazón a Jesús, para que él solo pueda
reinar en ellos. Sólo aquellos cuyos corazones no han
sido mancillados por su propia maldad
—ni por sus propias virtudes.*

DIETRICH BONHOEFFER

Era un sábado en la mañana, hace ya casi veinticinco años, y yo había oficiado la semana anterior en el entierro de dos indigentes. En ambos casos, había sentido que sus vidas se habían desperdiciado y que carecían de todo sentido. La tristeza y el vacío de la experiencia me abrumaban.

Sumado a varias noches de dormir mal, a ningún estímulo espiritual reciente y a una interminable actividad ministerial, sus muertes me habían dejado en un estado de sobrecarga emocional.

Esa mañana, cuando me disponía a desayunar, no tenía idea de que estaba a punto de tener una crisis. La vida no me había preparado para el hecho de que todos tenemos nuestros límites. Allí, sentado a la mesa, un comentario inocente me llevó al límite de mis fuerzas.

—Últimamente no has pasado mucho tiempo con los niños— dijo mi esposa.

Tenía razón. Con bondad, mi esposa evitó comentar que tampoco había pasado tiempo adecuado con ella. Y lo mismo había ocurrido con mi Padre celestial. A esto se le sumaba el hecho de que se estaba apilando el trabajo, que aún no había preparado el sermón para el día siguiente, y que necesitaba ir a visitar algunos enfermos al hospital. Me sentía como un jugador de béisbol que acababa de soltar rápidamente la pelota y el marcador electrónico detrás de él comenzaba a lanzar fugazmente el mensaje de: ¡Error! ¡Error! ¡Error!

De repente, me sentí envuelto por una sensación de futilidad y comencé a llorar. Perdí el control y lloré sin parar durante cuatro horas. Jamás me había ocurrido algo semejante. Fue una de las pocas experiencias de mi vida en que llegué al "límite de mis fuerzas". Ellas, más que cualquiera de mis así llamados éxitos, han sido las más responsables de cualquier crecimiento hacia la calidad del alma que pueda adjudicarme.

Lo que ocurrió ese día me obligó a enfrentar algo que había ignorado o no había sido lo suficientemente inteligente como para darme cuenta: había participado en el ministerio —se supone que en el nombre de Jesús— basándome principalmente en mis talentos naturales: mi habilidad con las palabras, mis aptitudes sociales y mi deseo y energía para trabajar durante largos períodos de tiempo.

Calidad de alma

Ese sábado por la mañana, vi los primeros resultados inevitables del alma que carece de calidad. Las prioridades estaban torcidas; había descuidado las relaciones más importantes; mi vida espiritual era una broma; el trabajo estaba fuera de control. Y, aunque parezca ridículo, el ministerio había dejado de ser agradable.

Cuando se secaron mis lágrimas y tuve tiempo de evaluar lo que había sucedido, vi que si quería perseverar en el ministerio, tendría que recurrir a motivaciones y fuentes de fortaleza más profundas.

La calidad del alma se convirtió en mi prioridad número uno. Creo que esa fue la primera vez que me interesé en lo que después llamaría el ordenamiento de mi mundo privado. Desde entonces, hubo otras experiencias decisivas —algunas incluso más difíciles de enfrentar— pero esa fue la que me impulsó a formular las preguntas de mis motivaciones (*¿Qué me estaba impulsando?*) y de mi mantenimiento (*¿Qué me ayudaría a seguir adelante?*).

Esa mañana me obligó a tomar en serio los temas del espíritu que había hecho a un lado hacía mucho tiempo. En las semanas siguientes, examiné mi mundo interior. Se convirtió en un esfuerzo de reedificación, la reconstrucción de las razones por las cuales servía a Dios en la iglesia.

Pero a veces, cuando comenzamos a reconstruir, primero tenemos que quitar los escombros. Tenemos que nombrar y renunciar a costumbres, motivos, ilusiones, ambiciones y formas de egoísmo. Esta actividad lleva el nombre de arrepentimiento. Sospecho que es el ejercicio del espíritu interior más poderoso que Dios nos ha dado. Es el arma que Dios utiliza contra el engaño que, a su vez, es el arma más poderosa en el arsenal del Maligno.

Quisiera poder decir que la limpieza personal que emergió de esa catarsis del sábado por la mañana llevó poco tiempo, y que nunca más tuve que volver a ocuparme de ella. Pero sería una tontería decirlo. Lo único que ocurrió, realmente, es que me di cuenta completamente de cuál podría ser el problema central de la mayoría de hombres y mujeres que quieren servir a Dios.

Esa fue la experiencia que dio inicio a mi propia disciplina de llevar un diario, la cual aún mantengo hasta este día. Comencé a descubrir los beneficios de registrar los pensamientos e ideas que sentía que Dios encomendaba a mi alma.

En busca de la base de nuestras motivaciones

En esos primeros días de actividad de mi mundo privado, comencé a ver que tenía que ser implacable al tratar con la base de los motivos por los cuales seguía y servía a Jesucristo. No estaba seguro de haberle prestado jamás la debida atención a las motivaciones fundamentales. Mis días en la universidad y en el seminario, e incluso los primeros años de mi ministerio como pastor, habían estado teñidos de un sentido de idealismo, incluso glamour, en cuanto al ministerio.

Con una mezcla de ingenuidad e inmenso entusiasmo, yo pensaba que la vida del pastor consistía en cambiar la historia, construir una gran iglesia, aportar diferencias a la vida de todos, predicar con fervor a la gente ansiosa por escucharnos y disfrutar de una posición venerada como director espiritual y mentor de todos. Y si eso es lo que era la vida de un pastor, yo la quería.

Pero, ¿por qué la quería? Pocas preguntas superan a esta en importancia. Pero sólo una potente dosis de realidad —por lo general una realidad dolorosa— nos obliga a mirar profundamente nuestras motivaciones. La historia de Simón el hechicero de Hechos 8 es instructiva. Cuando este hombre vio a Pedro y a otros actuar en el poder del Espíritu Santo, estuvo dispuesto a pagar lo que fuera para tener esa habilidad.

Puedo ver un poco del espíritu de Simón en mí. Aun cuando no tendría el descaro de pagar dinero por el don que hace posible el ministerio, a veces he sucumbido a la tentación de pagar para obtener más popularidad y eficacia, poniendo en peligro mi salud, sacrificando mis relaciones y, aparte de eso, agotándome. Sospecho que esa posibilidad existe en cada uno de nosotros.

Pedro cuestionó inmediatamente el fundamento de los motivos de Simón: "No tienes arte ni parte en este asunto, porque no eres íntegro delante de Dios. Por eso, arrepiéntete de tu maldad y ruega al Señor. Tal vez te perdone el haber tenido esa mala intención. Veo que vas camino a la amargura y a la esclavitud del pecado" (Hechos 8.21-23).

Cuando observo el menú de mis motivaciones, descubro varias que no provienen de Dios. Y cuando tuve entrada al mundo privado de otros colegas, me di cuenta de que no estaba solo. Lo que sigue es una lista parcial de motivos de calidad inferior.

Necesidad de aprobación

Pablo habla mucho de nuestra necesidad de aprobación. No tuvo ningún reparo para admitir su deseo de aprobación por parte del "juez justo". Sin duda desea escuchar el "hiciste bien". Pero me impresiona su nota a los corintios en la que les dice que la aprobación de ellos, e incluso su aprobación de sí mismo, no tiene ninguna importancia para él. Lo único que cuenta es la aprobación de Dios.

Yo me comparo con esa norma y me siento incómodo. Hasta que cumplí los dieciocho años, no recuerdo haber considerado jamás otra profesión que no fuera la del ministerio. Pero quizás la necesidad de la clase equivocada de aprobación era un factor de suma importancia.

Cuando yo era niño, mi madre solía decirme que no había llamamiento más elevado que el de predicar el Evangelio. Luego agregaba: "Ahora, yo no presumo que tú hagas eso, por supuesto. Nunca desearía que predicaras si Dios no te llama a hacerlo".

A pesar de sus descargos de responsabilidad, yo interpretaba su mensaje como: "mamá se sentiría orgullosa y me amaría aún más si yo fuera un predicador del Evangelio".

Si le agregamos a todo eso una o dos historias que escuchaba regularmente sobre mis días de bebé. La historia, por ejemplo, de una abuela y una madre que impusieron sus manos sobre mi pequeño cuerpecito, deseando con todas sus fuerzas que yo fuera un predicador.

Había otro relato acerca de dos aviones que chocaron sobre nuestra casa cuando yo tenía dos años, y regaron nuestro jardín de restos que tendrían que haberme matado pero que no lo hicieron. Se contaba una tercera historia en la que casi me había ahogado cuando tenía tres años, pero alguien me había rescatado en el último segundo. Esa persona me sacó del agua jalándome del pelo.

Esas historias, que las relataban a menudo, tuvieron un poderoso efecto sobre mi sentido de dirección. "Dios te ha protegido porque tiene un propósito para ti" era el mensaje que me transmitían. "Descubre cuál es esa intención y no la desafíes".

Deseo tener respeto por la idea del llamamiento especial de Dios. Pero quizás puedan ver por qué esas experiencias pudieron tergiversarse. El obedecer a Dios es una cosa. El tratar de complacer a nuestra madre, o desear que nuestro padre se sienta orgulloso de nosotros, es otra. Esas motivaciones pueden entretejerse en el alma durante nuestra infancia.

Luego pasan a formar parte de la trama de un sentido de llamamiento, y resulta muy difícil separar a los dos.

Llegué a ver lo evidente: la aprobación de un padre o de una persona importante no puede jamás ayudarnos a atravesar las aguas frecuentemente tormentosas del ministerio. Si nos impulsa la necesidad de escuchar el "hiciste bien" de boca de los hombres, incluso nuestros padres, esto nos colocará en algo parecido a una adicción. Cierta cantidad de aprobación este año, como una droga, tendrá que incrementarse todos los años. Terminamos necesitando cada vez más aprobación, a medida que pasa el tiempo, para poder mantener el mismo empuje.

Y dado que la aprobación de la gente inevitablemente va y viene, aumenta y se evapora, la motivación mediante la aprobación se convierte en un yo-yo de emociones. Es una de las primeras razones por las cuales hombres y mujeres renuncian al liderazgo espiritual. Ya nadie los aplaude.

¿Desea un contraste con Simón y sus infames motivos? Es Juan el Bautista, que un día vio irse a la multitud que solía aprobarlo para seguir a Jesús. ¿Cuál fue su reacción? "A él le toca crecer, y a mí menguar" (Juan 3.30). Sólo la persona libre de la necesidad de aprobación puede hablar de esa manera.

Validación por los logros

La mayoría de nosotros nos hemos criado en un sistema altamente influenciado por la ética de los logros. Y el mensaje parece claro: A los que tienen éxito claramente los ha visitado la mano de Dios. El corolario es también claro: a aquellos que tienen un éxito extraordinario, más que los demás, los ha visitado la mano especial de Dios.

Por lo general, el éxito se mide de acuerdo a la fundación o el desarrollo de grandes instituciones o a una gran cantidad seguidores. En la evangelización, esto equivale a atraer a las más grandes multitudes. En el liderazgo de la iglesia, esto equivale a estar al frente de la iglesia más grande de la región. En otros ministerios, esto equivale a liderar la organización de más rápido crecimiento (en términos de ingresos, personal e influencia). En el mundo editorial, esto equivale a producir los éxitos de ventas.

Cuando escuchamos que los cristianos alaban a estos "ganadores", muchos de nosotros sentimos la tentación de escuchar que "nuestro valor" sólo se consolidará cuando tengamos esa clase de éxito. Y si no oigo esa clase de alabanza, es posible entonces que no soy tan valioso para Dios como debería serlo.

Es posible que la declaración más dramática de la motivación por los logros sea la atribuida al evangelista D. L. Moody (y a muchos otros): "El mundo tiene todavía que ver lo que Dios puede hacer con un solo hombre que esté totalmente entregado a su voluntad".

Conozco a muchos hombres y mujeres que desconcertados se han esforzado al máximo para satisfacer el espíritu de dicha declaración. Emprenden la tarea de servir a Dios, creyendo que están totalmente "entregados". Pero ni ellos ni el mundo vieron jamás grandes resultados. Por lo tanto, viven en un estado de desilusión perpetua, preguntándose por qué su fe, su labor, su compromiso no fueron lo suficiente como para producir los resultados que han alcanzado otros.

Recuerdo las palabras de un orador de la capilla durante mis días en el seminario que nos confundió al decirnos: "No aspiren a un alto liderazgo a menos que alguien se los imponga". En ese momento, no lo entendí, porque a nosotros, los estudiantes, se nos decía constantemente de manera sutil (y no tan sutil) que el líder exitoso es claramente la persona con la que Dios está complacido.

De modo que yo, como otros, teníamos la fantasía de pastorear una iglesia grande. Y cuando cumpliera mis treinta y cinco años, sería "bendecido" con el cumplimiento de ese sueño. Pero entonces entendí lo que el orador quería decir: hay poca alegría o satisfacción prolongada en el alto liderazgo, si lo que nos motiva es alcanzar nuestros objetivos.

En esa época descubrí que las exigencias del liderazgo eran del orden físico, espiritual y emocional. No lo había anticipado. Y sin un espíritu disciplinado, no tendría simplemente las reservas necesarias para todo el trayecto. Es posible que eso haya sido lo que nos dijeron nuestros profesores del seminario, pero si fue así, muchos de nosotros no captamos su mensaje. Aparentemente, cada generación tiene que aprender la lección de la misma manera: a los golpes.

La Biblia nos da muchas revelaciones desproporcionadas. Piense, por ejemplo, en todas las páginas dedicadas al extraordinario desempeño de Pablo, Daniel, Moisés y Ester. Uno evangelizó a su mundo; otro sirvió a tres reyes con honra y valentía; un tercero levantó una nación; la cuarta rescató a su generación de un holocausto.

Luego leemos de otro, Enoc, de quien se dijo sencillamente: "Enoc anduvo fielmente con Dios, un día desapareció porque Dios se lo llevó" (Génesis 5.24). No se registran muchos detalles, ni elogios, ni logros. Pero, no obstante, se siente que Enoc es igual a todos los demás, si no su superior.

El anhelo de intimidad

Los que estudian los estilos de temperamento de la gente saben que a un cierto porcentaje de la población lo impulsa la intimidad: el deseo de conectarse íntimamente con la gente.

Hay algunos que aman crear cosas, dibujar cosas, tirar cosas o pensar en las cosas. Pero los hombres y mujeres que están en el ministerio suelen no interesarse por las cosas. Lo que los atrae es la gente. Desean entenderla, motivarla, alentarla y, probablemente, cambiarla.

Si los ponemos en una habitación donde hay gente, las personas en el ministerio sienten de repente todo el dolor, las posibilidades, los problemas y las pasiones que hay en ese lugar. Desean conectarse con todo ello, dándole significado o sanidad o cambio. En buena medida, ese es el temperamento pastoral típico.

La vida pastoral les ofrece una magnífica oportunidad a las personas a las que les agrada tener intimidad con otros seres humanos. Dirigido correctamente, es uno de los dones más poderosos que existen. Dirigido incorrectamente, lleva a la manipulación, la explotación y el pecado sexual. Si hemos ingresado al ministerio simplemente porque es un lugar maravilloso para satisfacer nuestra necesidad de conectarnos con la gente, los resultados serán probablemente desastrosos.

He escuchado a más de un hombre de mediana edad decir que dejará su carrera en el mundo laboral para ingresar al ministerio. Están preparados para dejar de lado una historia laboral de veinte años para ir al seminario y convertirse en pastores. ¿Por qué? Porque la mayoría de las veces están decepcionados de la fabricación y ventas de artilugios; odian la despersonalización del lugar de trabajo; anhelan dejar atrás la soledad para conectarse más con la gente. Observan a pastores que parece que se pasan el día hablando con la gente, resolviendo problemas, liderando y motivando, y eso les agrada.

Examine la base de sus motivos, y verá generalmente que su llamamiento principal al ministerio podría no ser Cristo, sino más bien la necesidad de calmar la sensación de soledad y alienación que ha creado su vida profesional.

Es posible que Timoteo haya sido impulsado por este deseo de intimidad. Nos da la impresión de que le gustaba lograr que la gente se sintiera bien. Y es por eso que Pablo lo tuvo que impulsar para que predicara, confrontara, estimulara y perseverara hasta el final: "Recuerda el don que está en ti" (comparar con 2 Timoteo 1.6). Sin los desafíos de Pablo, es posible que Timoteo simplemente se hubiera conformado con ser un tipo realmente agradable.

El poder del idealismo

Yo me crié en una tradición altamente idealista. Estaba sumergido en un lenguaje triunfal. Íbamos a "convertir a las naciones" y a "ganar el mundo para Cristo". Mis primeros héroes eran gigantes espirituales (al menos así los describían sus biógrafos) tales como Hudson Taylor y George Mueller. Y mi generación de líderes cristianos le adhería una dimensión casi mística a su llamamiento. Las palabras de Pablo en 1 Corintios 9.16: "¡Ay de mí si no predico el evangelio!", me pesaban. Más de una vez escuché: "Si Dios te ha llamado y tú haces caso omiso a ese llamado para ir tras otras cosas, vivirás en juicio eterno".

Cuando ingresé al ministerio como pastor de jóvenes, estaba lleno de ese idealismo. Recuerdo mi primer sermón y cómo me abrazó Gail tan fuerte al final de la velada. Estaba tan orgullosa de mí; *yo* estaba tan orgulloso de mí. Sólo veíamos un maravilloso futuro en la obra de Dios. Entonces, unos meses más tarde, el cielo comenzó a derrumbarse. Me di cuenta de que hacer la obra de Dios, aun con mis mejores intenciones, no sería siempre algo placentero. Lo que había aprendido era que el ministerio es un trabajo difícil: un trabajo noble, pero difícil. Y que está marcado de fracasos y desilusiones, de oposiciones y malentendidos. Nadie había podido familiarizarme con las derrotas pasajeras de Pablo: "Estábamos tan agobiados bajo tanta presión, que hasta perdimos la esperanza de salir con vida" (2 Corintios 1.8).

Es probable que no exista tal cosa como una motivación pura. Francamente, nuestro corazón alberga demasiado mal. Y sospecho que aun las motivaciones que se originan en algo casi puro suelen pervertirse con el correr del tiempo.

A muchos les resulta fácil dar por perdido al cristiano que ha experimentado un terrible fracaso de alguna clase. Puede haber algunas excepciones, pero estoy convencido de que casi todos aquellos que han erigido una reputación y luego han caído comenzaron con las mejores de las motivaciones. Realmente deseaban servir a Dios. Pero, las mejores las motivaciones se pueden intercambiar por algo de menor importancia. Sólo las personas que bautizan su motivación cada día pueden tener alguna esperanza de que las cosas no se estropeen en el camino.

No sé por qué alguien puede haber deseado jamás ejercer la tarea de profeta en el Antiguo Testamento. Por cierto, algunos de los que fueron escogidos para realizar ese trabajo no lo andaban buscando. Jeremías es un claro ejemplo de ello. Cuando llega el llamamiento, él lo combate: "¡Soy muy joven, y no sé hablar!" (Jeremías 1.6). Más adelante, Jeremías confiesa que desearía escaparse de la ciudad y refugiarse en el campo (puedo identificarme con eso). Jeremías y otros me llevaron a pensar que hay cierta seguridad cuando uno se rebela contra el llamado de Dios de vez en cuando. Cuando nos rebelamos, la base de las motivaciones se somete a una nueva prueba.

Estas motivaciones de muestra que he tratado de enumerar y describir son bastante típicas de las cosas que suelen impulsarnos cuando somos jóvenes. Sin embargo, el tiempo y las luchas generalmente hacen aflorar las impurezas. Y cada vez que esto ocurre, tenemos que volver a decidir nuevamente si vamos a purificar nuestros motivos ante Dios y los demás, o si, como una alternativa, nos volveremos cada vez más cínicos en cuanto a la razón por la que ingresamos al ministerio, en primer lugar.

Muchos hombres y mujeres llegan la mediana edad y descubren que sus motivaciones para el ministerio son inadecuadas. Piensan que ya es demasiado tarde para cambiar. Y, por ende, continúan. Trabajan con esfuerzo para satisfacer las expectativas de sus trabajos. Pero eso es todo lo que harán: trabajos —buenos trabajos, útiles y honorables, pero *trabajos* al fin.

Para cuando lleguen a los cincuenta años, quizás hayan hecho varios esfuerzos por reconstruir. Por lo general, son el resultado de contratiempos. Quizás este sea el lugar donde pueda realmente vanagloriarme (como Pablo en su debilidad). He conocido varios de los clásicos contratiempos. Y, como resultado, he aprendido algo sobre la gracia de la restauración y el proceso de reconstrucción.

¿Hay motivos nobles y grandiosos? Por supuesto. Moisés se sintió absorbido por los sufrimientos de su pueblo, y la sensibilidad de Dios hacia el sufrimiento y la esclavitud se convirtieron en la suya propia. Samuel llegó a comprender que el pueblo de Israel no podía escuchar la voz de Dios a través del sistema religioso presente. Entonces puso su voz a disposición de Dios. María, la madre de nuestro Señor, fue impulsada claramente por el principio de la obediencia y se permitió ser la madre del Cordero de Dios. Estos son los motivos que podemos estimular en nuestra propia vida.

Los motivos nunca son fijos

¿Es acaso saludable preocuparse por la base de nuestros motivos? Bueno, Pedro estaba con Simón el hechicero; veo a los profetas que luchan con eso. Y veo a Jesús que reflexiona en sus motivos cada vez que reitera el sentido de su llamado del Padre.

Quizás sea la función de los años de la vejez lo que nos hace ser cada vez más cautelosos. Ahora me doy cuenta de que los mejores motivos y actitudes pueden tergiversarse aun cuando pensamos que son los correctos.

En 1981, fui a Tailandia para concurrir a un congreso de líderes evangélicos. Me otorgaron el honor de dar uno de los discursos plenarios. Recuerdo que pensé: *¡Ah! Aquí hay cientos de líderes cristianos de muchísimos países y yo soy uno de los pocos a los que les pidieron que dieran un discurso a toda la asamblea.*

Comenzó como un momento embriagador y recuerdo que tenía que examinar regularmente cuáles eran mis motivos. El impulso de obtener logros *(¿No había acaso demostrado mi valía?)*, de conseguir aprobación *(¿No estaría orgullosa mi madre?)*, y de alcanzar las metas del liderazgo (el ser parte de un liderazgo mundial era una clase de objetivo) estaban en pleno funcionamiento. Tuve que examinar mucho mi alma y tuve mucho que confesar.

Entonces, tres días después del comienzo de la conferencia, uno de los líderes más conocidos alquiló un barco e invitó a alrededor de cuarenta de los conferencistas a pasar una tarde de tranquila consulta en el Golfo de Siam. Iban a conversar sobre el futuro del cristianismo evangélico en el mundo. Yo no estaba entre los cuarenta.

De repente, el ser uno de los oradores de la conferencia perdió todo su significado. Estaba devastado. El no haber sido invitado a la reunión en el barco me dejó con una sensación de vacío. Y Dios me enseñó una de las lecciones más importantes de mi vida: no importa cuán lejos vayamos o cuán alto pensemos que hemos escalado, siempre habrá cuarenta (y probablemente muchos, muchos más) por encima y más allá de nosotros.

Cuando pensamos que el reino es un lugar para alcanzar nuestros objetivos, ser valiosos, conectarnos, ser participantes importantes, descubrimos que esto no fue nunca lo que pensaba Jesús cuando dijo: "Síganme".

En mi libro *Rebuilding Your Broken World*, relato la historia de Alexander Whyte, el gran predicador escocés, a quien le dijeron que un evangelizador norteamericano había acusado a un amigo cercano de no ser creyente. Whyte estaba furioso. Apenas podía refrenar sus palabras cuando dio rienda suelta a su ira contra el acusador de su amigo.

Pero entonces, cuando por fin se tranquilizó, le dijeron que ese mismo evangelizador había cuestionado también la conversión de Whyte. Al instante, Whyte se quedó callado. Ahora no había ninguna refutación, sólo un terrible silencio mientras se cubría el rostro con las manos. Luego miró al que había traído esos informes y le dijo: "Déjame. Déjame, amigo mío. Necesito examinar mi corazón".

No creo que haya una sola persona que recuerde lo que dije en mi discurso en Tailandia. De todas maneras, no fue muy bueno. Pero siempre valoraré ese viaje. Allí yo, como Whyte, aprendí una lección importante: Examina tu corazón. Asegúrate de que sabes qué motivaciones están al control y no te atrevas a salir al público hasta que no tengas la respuesta.

PARA REFLEXIÓN ADICIONAL

1. ¿Cómo definiría su motivación principal? ¿Cómo se refleja esto en sus decisiones diarias?

2. Como líder, ¿está motivado por un verdadero deseo de ayudar a los demás, o existen otras motivaciones ocultas que lo manejan?

3. ¿Cómo han cambiado sus motivaciones a través de los años? ¿Qué fue lo que precipitó el cambio?

LA FE EXTREMA

El Señor hablaba con Moisés cara a cara, como cuando alguien habla con un amigo.

ÉXODO 33.11 NTV

Hace alrededor de mil setecientos años, había un gran líder eclesiástico que ahora llamamos San Basilio. Después de los apóstoles del Nuevo Testamento, probablemente es uno de los cristianos más sobresalientes que haya vivido jamás. A dondequiera que iba, tenía un impacto poderoso en la gente con la que se topaba. Alguien dijo alguna vez de Basilio: "Sus palabras eran como un trueno, porque su vida era como un relámpago".

¿No le agradaría que alguien dijera eso de usted? O, para decirlo de otra manera, ¿cuántas veces ha visto la fe de otro hombre o mujer y ha dicho algo similar acerca de ellos?

Quizás conozca mucha gente que profesa la fe cristiana, que habla "el lenguaje de Jesús" con toda facilidad, que declara haber avanzado mucho en el camino de la fe y, sin embargo, y sin querer sonar crítico, es probable que coincida conmigo en que son pocas las personas que tienen una fe profunda, elevada, amplia. La frase que elijo para ellos es que exhiben una "fe extrema". El hombre o mujer que tiene una fe extrema entiende que en la fe hay algo más profundo que lo imaginado.

Puede evaluar a la gente según las cosas por las que siente curiosidad. Yo le pregunto a la gente: "¿Cuáles son las dos o tres cosas de la vida por las que siente curiosidad? ¿Cuáles son las cosas que más desea conocer o dominar?" Para la mayoría de nosotros, nuestras curiosidades son menores: curiosidades prácticas, inocentes, buenas, pero no las mejores.

Cuando era joven y estaba tratando de aprender a pastorear una iglesia, mis intereses estaban centrados en temas tales como el manejo, la administración y las dinámicas organizativas. A medida que envejezco, he aprendido que esas curiosidades menores no son las cosas que construyen grandes iglesias ni una extraordinaria vida cristiana. La fe extrema se desarrolla con las curiosidades mayores, aquellos temas que son profundos y que se requiere de toda la vida para explorarlos.

Moisés: un hombre de fe extrema

En el libro de Éxodo del Antiguo Testamento hay una historia que concierne a uno de los líderes más grandes de todos los tiempos: Moisés. Él sacó al pueblo de Israel de cuatrocientos años de esclavitud en Egipto. Cuando leemos sobre Moisés, leemos sobre un hombre de una fe extrema que se pasó la vida explorando las grandes curiosidades.

Éxodo 33.7-11 (*NTV*) dice:

> Moisés tenía la costumbre de armar la carpa de reunión a cierta distancia del campamento y toda persona que quería hacer alguna petición al Señor iba a la carpa de reunión que estaba fuera del campamento. Cada vez que Moisés se dirigía a la carpa de reunión, toda la gente se levantaba y permanecía de pie a la entrada de su propia carpa. Todos seguían a Moisés con la vista hasta que entraba en la carpa. Cuando Moisés entraba en la carpa, la columna de nube descendía y se quedaba en el aire a la entrada mientras el Señor hablaba con Moisés. Cuando el pueblo notaba que la nube se detenía a la entrada de la carpa, cada persona se paraba a la entrada de su propia carpa y se inclinaba. Dentro de la carpa de reunión, el Señor hablaba con Moisés cara a cara, como cuando alguien habla con un amigo. Después, Moisés regresaba al campamento, mientras

que su asistente, el joven Josué, hijo de Nun, permanecía en la carpa de reunión.

Difícilmente encontrará otro lugar en la Biblia donde se exprese más claramente la intimidad con Dios que en esta última oración. Ella describe a un hombre que ha llegado a conocer a Dios. En ese momento, es probable que Moisés tuviera entre ochenta y uno y ochenta y dos años de edad. No se desaliente si ustedes es joven; se requiere de años para desarrollar una relación de esta naturaleza. Moisés, a lo largo de ochenta años de éxitos y fracasos, había finalmente llegado a ese punto.

Pero cuando un hombre o una mujer habla cara a cara con Dios, como un amigo con otro, ¿de qué hablan? Hoy, la mayoría de las oraciones son: "Oh, Señor, dame salud. Resuelve mis problemas. Aumenta mi sueldo. Hazme feliz. Ayúdame a tener una buena relación con mi esposo o esposa, o con mi novia o novio. Hazme crecer unos centímetros más. Ayúdame a bajar veinte kilos. Consígueme un mejor empleo". ¿Es esto lo que pedía Moisés?

Una manera de obtener una respuesta a esa pregunta es descubrir el contexto de esas conversaciones. ¿Qué ocurría en esa época?

Moisés había pasado los primeros cuarenta años de su vida en el palacio egipcio. Un fracaso colosal —un asesinato— lo obligó a huir del pueblo, para refugiarse en el desierto durante los próximos cuarenta años de su vida. Fue durante esos años que Moisés finalmente aprendió a comenzar a escuchar a Dios, y reconoció que tenía que hacer las cosas según los términos de Dios. Así es como comienza a desarrollarse la fe extrema.

Cuando llegó a los ochenta años, en el momento de la zarza ardiente, Dios llama a Moisés para que saque al pueblo de Egipto. Ahora recuerde, Dios le pide a Moisés que saque a decenas de miles de personas de un lugar donde ellos y sus antepasados habían vivido durante cuatrocientos años. ¡Mejor sería que le hubiera pedido que arreara gatos!

Pensaría que esa gente se alegraría al salir de Egipto: "Moisés, lo que tú digas". Pero cuando múltiples generaciones han vivido como esclavos, se tornan desconfiados. Sienten escepticismo y recelo. Son un pueblo sin una cultura. Se ven tentados a resistir a la autoridad y se quejan y reniegan de todo lo que ocurre.

Piense cómo actuó Israel justo después de haber sido liberado de sus captores egipcios. Cuando llegaron a la orilla del Mar Rojo, y el ejército egipcio comenzó a perseguirlos, se volvieron contra Moisés y le dijeron: "Nos has traído aquí para morir. ¿Por qué no nos dejaste en Egipto? La vida era mejor entonces".

Cuando ingresaron más tarde al desierto, se quejaron de que no había suficiente comida. Cada vez que Moisés se volteaba, esa gente se enojaba. Era la peor clase de gente para liderar.

Eso es lo que nos lleva a Éxodo 33.1-3 (*NTV*):

El Señor le dijo a Moisés: "Váyanse, tú y el pueblo que sacaste de la tierra de Egipto. Suban a la tierra que juré dar a Abraham, Isaac y Jacob. A ellos les dije: "Daré esta tierra a sus descendientes". Enviaré un ángel delante de ti para expulsar a los cananeos, los amorreos, los hititas, los ferezeos, los heveos y los jebuseos. Suban a la tierra donde fluyen la leche y la miel. Sin embargo, yo no los acompañaré, porque son un pueblo terco y rebelde. Si lo hiciera, seguramente los destruiría en el camino".

Justo antes de este capítulo, Moisés había regresado del monte Sinaí y había encontrado a la gente bailando alrededor de una fogata como los paganos. Su hermano, Aarón, había dicho: "Pensamos que no volverías, así que hemos estado danzando y adorando este becerro".

Dios se enojó.

No nos gusta pensar que Dios se enoja, pero Dios siente una ira justa cuando la gente se vuelve en contra de él y hace alarde de su gracia. De modo que Dios dice: "Yo les prometí la tierra, pero yo no iré con ustedes".

Tres oraciones importantes

Aquí es donde comienza a intervenir el hombre de fe extrema. Cuando Moisés escuchó esas palabras, se dirigió a la Tienda de reunión. Allí comenzó a orar por tres cosas, tres cosas que muestran las curiosidades más importantes, tres cosas que tendrían que ser los pilares fundamentales de nuestra vida de oración. Esas son las cosas por las que oran los hombres y mujeres que van a lo profundo de la fe cristiana. Éxodo 33.12-13 (ntv) dice:

> Moisés le dijo al Señor: "Tú me has estado diciendo: "Lleva a este pueblo a la Tierra Prometida". Pero no me has dicho a quién enviarás conmigo. Me has dicho: "Yo te conozco por tu nombre y te miro con agrado" si es cierto que me miras con buenos ojos, permíteme conocer tus caminos, para que pueda comprenderte más a fondo y siga gozando de tu favor. Y recuerda que esta nación es tu propio pueblo.

"Señor, permíteme conocer tus caminos"

La frase clave en estos dos versículos es la primera de las curiosidades más importantes. Aquí está Moisés, un hombre de extrema fe, diciéndole a Dios: "Enséñame tus caminos". ¿Qué significa esto?

En primer lugar, le estamos pidiendo a Dios que nos enseñe sobre su cultura. Moisés había pasado cuarenta años en la cultura egipcia y cuarenta años en el desierto con pastores, arameos y nómadas. Ahora Dios le pide que guíe a un grupo de gente hacia una nueva clase de vida. Mediante su oración, Moisés está diciendo: "Yo no sé lo suficiente, Dios. Necesito que me des información sobre tu cultura: cómo haces tú las cosas, qué expectativas tienes, qué clase de gente deseas que seamos. De modo que, Señor, si deseas que yo lidere a esta gente, enséñame tus caminos".

Esta oración lanza a hombres y mujeres al estudio de la Palabra de Dios porque dice: "Toda mi vida he estado inmerso en los caminos de este mundo. A pesar de que no todos son malos, ahora deseo absorber los caminos de Dios. Voy a reflejar el carácter de Dios en mi propio carácter. Voy a absorber todo lo que el cielo me revele sobre sus caminos".

Recibí un correo electrónico de un amigo que está en camino a la fe extrema. En el último año, ha experimentado algunos reveses, y estos han tenido un efecto en él. Pienso que su correo ilustra lo que ocurre en la oración de Moisés:

Dios ha estado ocupado obrando en mi vida. He descubierto algunas fortalezas en mi vida de las que me tengo que ocupar. Siempre he sentido que aprendía de Dios y sus caminos a través de la manera en que él cambiaba mis circunstancias. Abordé mi relación con él como una roca y un arroyo. Pero Dios ha decidido que ha llegado el momento de avanzar al Cristianismo 201, lo que significa que él desea que mi corazón cambie, no las circunstancias.

Esta es una extraordinaria comprensión, ya que la mayoría tenemos una vida de oración en la que le pedimos a Dios que cambie las circunstancias. Este hombre dice que no son las circunstancias las que deben cambiar, sino el corazón. Eso es lo que Moisés está tratando de decir: "Señor, después de ochenta y dos años de vida, he llegado a comprender que debo conocer tus caminos".

Si oramos de esta manera todos los días, nuestra vida tendrá una nueva profundidad al concentrarnos en absorber la cultura del cielo. Quizás eso sea parte de lo que Jesús dice en el Padre Nuestro: "Hágase tu voluntad en la tierra como en el cielo". En otras palabras: "Deseo conocer tus caminos, Señor. Deseo traerlos a la tierra así como se exploran y expresan en el cielo".

"Señor, garantízame tu presencia"

En el versículo 14, el Señor dice: "Yo mismo iré contigo". ¡Qué cambio! Anteriormente, Dios había dicho (en el versículo 3): "Yo no los acompañaré". Ahora, en el versículo 14, aparentemente le agrada la actitud de Moisés. Es como si dijera: "He cambiado de opinión. Yo mismo iré contigo".

Entonces Moisés dice: "Si no vienes con nosotros, ¿cómo vamos a saber, tu pueblo y yo, que contamos con tu favor? ¿En qué seríamos diferentes de los demás pueblos de la tierra?".

La idea clave en esta parte de la oración es "garantízame tu presencia". Moisés está diciendo: "Yo no haré esto solo. Deseo saber que estarás allí donde yo pueda llamarte. No haré este viaje si no me garantizas tu presencia".

Presencia implica guía. Presencia implica ayuda. Presencia implica compañerismo. Cuando mi hija Christy era pequeña, tenía un ritual todas las noches antes de irse a la cama. En la cabecera de su cama había diecisiete animales de peluche. Al animal que estaba primero le tocaba el turno de dormir con ella. A la mañana siguiente, lo colocaba en el decimoséptimo lugar para que comenzara su avance nuevamente al primer puesto. Esto era algo muy importante para mi hija. Más de una vez, intenté deslizar al animalito que estaba en el puesto doce o quince al frente de todos. Siempre me pescaba, y me decía: "No, papá, el número uno se sentiría muy mal si perdiera su turno".

La segunda parte de su ritual era que las sábanas y cobijas le llegaran hasta el mentón. Luego, la persiana tenía que estar levantada y quedar a seis pulgadas del marco, ni más cerca, ni más lejos. Después de las oraciones, cuando caminaba hacia la puerta, yo tenía que cerrar la puerta hasta que quedara un espacio de diez centímetros, lo cual permitía que pudiera entrar la luz ambiental del pasillo.

Luego había un intercambio final de palabras, exactamente las mismas todas las noches. Cuando yo me deslizaba por la puerta, le escuchaba decir:

—Papi, ¿dónde estarás?

—Bueno, querida —le respondía— estaré con mamá en la cocina, en la sala de estar o en mi escritorio.

Entonces ella hacía este comentario final: —Papi, no te vayas a dormir hasta que yo no esté dormida.

¿Qué es lo que ella me quería decir? "Deseo conocer de tu presencia. Deseo saber que si tengo miedo en la noche, si escucho un ruido o tengo una pesadilla, tú escucharás mi voz".

Eso es lo que Moisés dice en esta parte de su oración. Aunque posiblemente la mayoría de nosotros no tenga miedo a la oscuridad, todos tenemos nuestros temores. Ya sea el de perder nuestro empleo, enfermarnos, que no nos quieran, no poder superar una depresión, o cualquiera de los asuntos que crean una crisis en la experiencia humana, nosotros también clamamos por la presencia garantizada del Señor.

"Señor, muéstrame tu gloria"

El hombre que posee una fe extrema hace una tercera oración. La encontramos en el versículo 18 (RVR60):

Él entonces dijo: Te ruego que me muestres tu gloria. Y le respondió: Yo haré pasar todo mi bien delante de tu rostro, y proclamaré el nombre de Jehová delante de ti; y tendré misericordia del que tendré misericordia, y seré clemente para con el que seré clemente.

Esta es una poderosa tercera oración. La palabra *gloria* es una palabra religiosa que no usamos a menudo. Resume el valor y poder de una persona, una organización o una nación. Cuando el presidente desea impresionar a algún dictador de medio pelo de otra parte del mundo, una flotilla de jets desciende y describe una curva sobre el palacio del dictador y un estruendo sónico expresa la gloria de los Estados Unidos. Cuando el presidente de una compañía *Fortune 500* va a *Wall Street* para impresionar a la gente bursátil con el esplendor de su empresa, saca los números y muestra los bienes, los planes empresariales y todo aquello que despliega la gloria de la organización.

¿Cómo revela Dios su esplendor a Moisés? Dios le dice: "Te diré cuál es mi nombre. Te revelaré algo de mi carácter moral. He aquí mi gloria, Moisés: abundo en amor firme, soy lento para enojarme, y perdono la maldad y el pecado. No soy caprichoso, vengativo ni indiferente. Soy un Dios cuyo carácter es impecable y absolutamente digno de confianza".

Hora de profundizar

Digamos que usted es Moisés y que se le ha pedido que lleve a un grupo de gente recalcitrante por el desierto hacia la Tierra Prometida, y usted no sabe si tiene la capacidad para hacerlo. El momento requiere del desarrollo de una fe extrema.

¿Podría lograrlo con la clase de oraciones que hacemos la mayoría de nosotros? Probablemente no. Pero si sus oraciones llegan a estar cubiertas de peticiones como: "enséñame tus caminos", "garantízame tu presencia" y "muéstrame tu esplendor", su fe va a aumentar.

En los Siglos VII y VIII, el cristianismo virtualmente pereció en Europa. El único lugar donde el cristianismo tuvo alguna influencia fue en Irlanda, donde los monjes irlandeses predicaban la fe. Esos monjes irlandeses hacían algunas cosas muy interesantes para expresar su fe extrema. Muchos de ellos se metían en pequeñas embarcaciones y se hacían a la mar, confiando que allí adonde los llevara la corriente sería el lugar adonde Dios deseaba que fueran. Muchos de ellos perecieron, pero los que llegaron a las orillas del continente europeo predicaron el Evangelio. Hoy día, todavía podemos encontrar los grandes monasterios que fueron fundados por monjes irlandeses en ese período de tiempo. De hecho, un monje irlandés fue quien fundó el monasterio donde San Francisco de Asís experimentó su conversión.

Uno de los principales monjes irlandeses fue San Brandán. Antes de embarcarse a la mar, se dice que hizo esta plegaria:

¿Debo abandonar, oh Rey de misterios, las dulces comodidades del hogar? ¿Debo darle la espalda a mi tierra natal y darle la cara al mar? ¿Debo ponerme a entera disposición de la misericordia de Dios, sin plata, sin caballo, sin fama ni honor? ¿Debo entregarme completamente al Rey de reyes sin espada ni escudo, sin comida ni bebida, sin un lecho donde reposar? ¿Debo decir adiós a mi hermosa tierra, colocándome bajo el yugo de Cristo? ¿Debo volcarle mi corazón, y confesar mis múltiples pecados e implorar perdón, con lágrimas que surcan mi rostro? ¿Debo dejar las huellas de mis rodillas sobre la playa, un testimonio de mi última oración en mi tierra natal? ¿Debo entonces sufrir toda clase de heridas que me inflijan los mares? ¿Debo llevar mi pequeño bote por el enorme océano fulgurante? Oh Rey de los glorificados cielos, ¿debo ir por voluntad propia al mar? Oh, Cristo, ¿me brindarás tu ayuda en las olas tempestuosas?

Quizás ni usted ni yo seamos tan elocuentes como Brandán, pero algunos de nosotros nos encontramos en el mismo lugar donde se encontraba él. Estamos en la playa. Hemos completado el curso de Cristianismo 101. Hemos tenido una vida de oración que dependía del cambio de las circunstancias. Dios nos dice ahora: "Deseo llevarte a un lugar más profundo".

Quizás digamos: "Deseo ir más profundo; deseo ser una persona de extrema fe. ¿Dónde debo comenzar?"

Debemos comenzar donde comenzó Moisés. En su propia playa, mientras se enfrentaba a Dios con increíbles desafíos delante de él, Moisés hizo una poderosa oración que constaba de tres partes:

> *Señor, enséñame tus caminos. Garantízame tu presencia. Muéstrame la revelación de tu poder y tu gloria.*

Esas son las curiosidades mayores. Esta es la oración del hombre, o mujer, que desea desarrollar una fe extrema.

PARA REFLEXIÓN ADICIONAL

1. ¿Por qué ora generalmente? ¿Cuánto se concentra en resolver sus problemas, o en aumentar su salario y cuánto se concentra en profundizar su intimidad con Dios?

2. ¿Cómo definiría su propia fe? ¿Es tibia, tambaleante o extrema?

3. Para llegar a ser una persona de fe extrema, trate de hacer la triple oración de Moisés todos los días. Anote en su diario todos los resultados que observe.

8

LA RAÍZ DEL LIDERAZGO

*Echarán raíces profundas en el amor de Dios...
entonces serán completos con toda la plenitud de la
vida y el poder que proviene de Dios.*

EFESIOS 3.17-19 (NTV)

Gail y yo tuvimos la oportunidad de visitar el parque nacional de Yosemite en California. Trajimos a casa fotos nuestras, parados al pie de algunos de esos árboles de tres mil años que se elevan a miles de metros de altura. Piénselo: tres mil años para cultivar un árbol. Y vuelva a pensar: dada la maquinaria moderna, ese mismo árbol (¡Dios nos libre y guarde!) pueden cortarlo en tan solo unos minutos.

Esos árboles me hicieron pensar en el liderazgo y el tema de la confianza, la clase de confianza que los líderes necesitan desesperadamente de su gente pero que a veces no poseen.

Ningún líder bíblico que recuerde luchó más con problemas de confianza que Moisés. Cada vez que el hombre se daba vuelta, alguien estaba cuestionando su juicio, su veracidad y su sentido de dirección. Podríamos argumentar que finalmente lo quebrantaron con sus continuas sospechas y desafíos.

El apóstol Pablo tomó ventaja de la confianza cuando le pidió a la gente que le diera dinero para ayudar a los cristianos que sufrían en Jerusalén.

Debe haberse apoyado en el factor de la confianza cuando convenció a la familia de Timoteo para que se lo entregaran para capacitarlo. La confianza estaba en juego cuando Pablo dio estrictas órdenes a los corintios de disciplinar a un pecador conocido. Y, nuevamente la confianza, cuando los convenció de aceptar a ese hombre, ahora arrepentido, de vuelta. La confianza salió victoriosa con Filemón, a quien le pidieron que recibiera a un esclavo fugitivo de regreso en su casa, ya no como esclavo, sino como hermano. No hay duda de ello: la palabra de Pablo en la mayoría de lugares era como el oro. La confianza era lo que avalaba esa moneda.

En mis primerísimos años como pastor, rápidamente aprendí que la gente sólo me seguiría hasta cierto punto si yo explotaba únicamente mis dones naturales: las palabras que surgían fácilmente, el encanto personal, las ideas nuevas y los sueños. Me sentía tentado a pensar que sólo por tener un título del seminario, por haber sido ordenado y por tener más conocimientos de las ideas bíblicas, la gente tendría una fe ilimitada en mí.

Todo eso funciona por un tiempo, pero a la hora de la verdad, comienzan a emerger preguntas más profundas. *¿Tenía yo integridad y sabiduría, o era todo banalidad? ¿Era digno de confianza? ¿Podía llevar a la gente de manera espiritual y organizativa hacia un territorio desconocido?* El encanto y el carisma son como un planeador; vuelan, pero no para siempre. Y no funcionan demasiado bien en los momentos de turbulencia.

La hora de la verdad puede llegar cuando un líder le pide a la gente que contribuya con una importante suma de dinero para un edificio, para un aumento de personal, o un proyecto de generosidad que beneficia a los pobres. La hora de la verdad puede llegar cuando se le pide a la gente que abandone un programa antiguo y acepte algo completamente nuevo. O puede ocurrir cuando el líder tiene que hacerle frente a un punto débil, o espíritu endurecido, sobre algo que exige arrepentimiento y una nueva dirección.

Confianza en los encuentros personales

A la larga, lo más importante es cómo entra en juego la confianza en los encuentros personales de la vida pastoral.

Hace años tuve el privilegio de llevar a un joven a la fe en Jesús. En esa época, él estaba viviendo con una muchacha que era la hija de uno de los líderes de nuestra iglesia. Su familia había perdido la esperanza de que ella (o él) alguna vez caminara a la luz de la Biblia. Luego, un domingo (por razones que he olvidado ya), los dos vinieron al culto. Al final del oficio religioso, me reuní con esta pareja, conversé con ellos y, al final, presencié la conversión y cambio de vida del joven.

Como resultado, la joven, que había sido criada en la fe pero que obviamente se había desviado, regresó a la vida espiritual. Al poco tiempo, ambos, reconociendo la importancia de la obediencia bíblica, me preguntaron si yo los casaría. Yo estaba muy complacido.

Luego me advirtieron. Dijeron que los padres de ella probablemente se opondrían al matrimonio. En nombre de la pareja, yo tendría que hablar con los padres para obtener su permiso. Estuve de acuerdo en hacerlo.

Recuerdo estar sentado en la sala de estos padres cristianos de mucho tiempo. El dramatismo de ese momento fue tal que incluso ahora, muchos años después, puedo recrear lo que les dije. Los llamé por su nombre de pila y les dije: "Les voy a pedir que confíen en mí. Mi opinión es que su hija y su novio tendrían que casarse. Creo que él está listo para ser un marido amoroso y responsable y que ella está preparada para asumir las disciplinas del matrimonio. Desearía que ustedes apoyaran su deseo de casarse".

Hubo una pausa breve, mientras ambos absorbían lo dicho. Luego el padre dijo estas palabras: "Pastor, nosotros confiamos en usted. Y si usted piensa que ellos están listos para casarse, que esa es una buena decisión, entonces nosotros les daremos nuestra bendición". Y lo hicieron.

Esta pareja ha estado casada más de veinticinco años y el juicio que todos hicimos se ha vindicado una y otra vez. Sin embargo, no habría sucedido si yo no hubiera podido valerme de la confianza.

Confianza adquirida

El gran médico victoriano, Sir William Osler, dijo una vez a sus estudiantes de medicina:

La práctica de la medicina es un arte, no un oficio; un llamado, no un negocio; un llamado en el que el corazón se ejercitará a la misma vez que la mente. A menudo, la mejor parte de vuestra tarea no tendrá nada que ver con brebajes ni polvos, sino con el ejercicio de una influencia del fuerte sobre el débil, del justo sobre el malvado, del sabio sobre el necio. Para ustedes, como consejeros fiables de la familia, el padre les vendrá con sus ansiedades, la madre con su pena oculta, la hija con sus pruebas, y el hijo con sus locuras. Un tercio total de la labor que ustedes lleven a cabo se anotará en libros que no serán los de ustedes.

Con un pequeño cambio en las palabras, Osler podría haberles estado hablando a los que están en el ministerio pastoral. La confianza hace que "el ejercicio de una influencia" sea posible. Y, a propósito, la confianza hace que sea posible fracasar de vez en cuando. La gente perdona un momento débil si su perspectiva en general es de gran confianza.

Me impresiona la nueva generación de líderes que tiene la pasión de emprender grandes esfuerzos evangelizadores en la iglesia. Los admiro y valoro su amistad. Por cierto, han sobrepasado todo lo que yo (y la mayoría de los pastores de mi generación) podría haber soñado jamás. Y escriben bien sobre las aptitudes del liderazgo: cosas tales como visión, pasión, sensibilidad cultural, desarrollo de líderes y muchísimas otras cosas.

Sin embargo, hay algo de lo que no escucho lo suficiente y que podría reflejar la tendencia de pensar que el liderazgo es mayormente una cuestión de habilidades e instintos. De lo que no escucho es de la confianza, esa cualidad indescriptible de relación en la que el líder edifica, y después disfruta de la confianza de la gente.

"Nosotros hacemos dinero a la manera antigua", solía declarar la compañía Smith-Barney en uno de sus avisos comerciales. "¡Lo ganamos!" De la misma manera, uno obtiene la confianza de los demás a la antigua: se la gana. La confianza no es algo que podamos exigir ni suponer.

Una de mis teorías ha sido que un líder no comienza a disfrutar realmente el "mordisco" o "tracción" del liderazgo, que se necesita para que se hagan las cosas, hasta que haya liderado unos cinco años. Por lo tanto, a partir del quinto año, la confianza es lo más importante, porque la novedad y la frescura ya no existen. Como solía recordarme mi padre, la gente nos sigue por un tiempo porque nos eligieron. Pero nos sigue por un largo tiempo porque ha aprendido a confiar en nosotros.

Volviendo a los árboles gigantes de California: no lleva mucho tiempo derribarlos. Como ellos, es posible perder la confianza en un corto tiempo. Yo lo sé. Una vez perdí la confianza de personas que quería mucho. Perdí algunas amistades muy preciadas. Y perdí mi honor. Tardé mucho tiempo en recuperar parte de lo que había perdido.

Cómo desarrollar confianza

Ahora viene la gran pregunta: ¿Cómo se genera la confianza? Aquí hay siete fuentes que he observado a lo largo de los años.

1. *La confianza se desarrolla con coherencia. Coherencia del mensaje, de la visión, del manejo de las circunstancias. La gente constantemente vigila.* Quiere saber: ¿Será la misma persona cuando las cosas van mal? ¿Puede escuchar un "no" considerado de la junta directiva? ¿Van a estar en línea sus respuestas personales con las cosas que ha predicado desde la seguridad del púlpito?
2. *La confianza se desarrolla con fiabilidad. ¿Es una persona fiel a su palabra?* Si tiene una cita, ¿es puntual? Si se compromete a hacer algo por alguien, ¿cumple lo prometido? Si hace una promesa, asegúrese de cumplirla.
3. *La confianza se desarrolla con transparencia. ¿Es sincero en cuanto a sí mismo? ¿Es sincero en cuanto a lo que en realidad ocurre entre bastidores en la organización?* En la gente digna de confianza no hay superficialidad, lemas publicitarios ni estrategias que oculten el mensaje completo. La gente no se siente engañada ni embaucada.
4. *La confianza se desarrolla con una reputación de arduo trabajo. Los sermones revelan la destreza de un estudio serio.*

El pastor le da a la congregación un poco más de lo que cree que ha pagado. Las reuniones del consejo o del comité se destacan por sus presentaciones y explicaciones detalladas. Hay una sensación de que el pastor está al frente de la tarea del liderazgo de la congregación.

5. *La confianza se desarrolla con la creencia de que el pastor es imparcial con todos. A los ricos (los principales contribuyentes), a las personas atractivas, a los jóvenes o a los influyentes no se les favorece exclusivamente. El pastor se dedica a los niños, a los débiles y quebrantados, a los ancianos y a las personas comunes y corrientes que sirven en la congregación, en aquellos lugares donde escasea el reconocimiento por parte de los demás.*

6. *La confianza se desarrolla con longevidad. Sencillamente, esto quiere decir que el pastor está allí durante un tiempo extenso. Se desarrollan relaciones; se forma la compilación de los episodios del ministerio (funerales, bodas, bautismos, etc.); la gente ve cómo el pastor comparte sus acontecimientos de la vida. Y cuando llegan los momentos cruciales, pueden con toda tranquilidad decir: "El pastor estuvo a mi lado; ahora yo estaré allí, en lo que él crea que Dios quiere para nosotros".*

7. *La confianza se desarrolla con un espíritu que cada vez se profundiza más. En cierta manera, la congregación desea sentir que su pastor fija sus ojos en Cristo. Ellos sienten más confianza cuando sienten que la vida y el liderazgo del pastor reflejan a una persona que busca el corazón del Padre, y que habla a partir de una certidumbre que es humilde pero convencida; totalmente arrepentida, pero llena de gracia; modesta, pero competente a través del poder de Dios.*

Más de una vez he pedido a mi congregación una segunda ofrenda, por la gente en partes del mundo que han sufrido una enorme tragedia. La confianza ha hecho que la gente dé más de lo usual. Más de una vez he pedido a mi congregación que avance con fe en cuanto a un nuevo presupuesto, programa edilicio o aumento de personal. La confianza ha hecho que estén dispuestos a hacerlo.

Y más de una vez he pedido a mi congregación que trague saliva y acepte algo nuevo o que va en contra de sus instintos. Sólo la confianza ha hecho esto posible.

La confianza elude una completa definición. Pero, como dicen, lo sabes cuando lo ves. Y yo pienso en eso cuando miro hacia arriba a las enormes secuoyas californianas. Cuánto tardan en crecer y cuán rápidamente las destruyen.

PARA REFLEXIÓN ADICIONAL

1. ¿Quiénes son algunos de los líderes en los que más confía? ¿Qué efecto tiene en su vida el poder confiar en ellos? ¿Se ha topado también con líderes que no son dignos de su confianza? ¿Qué impacto tuvo esto en usted?

2. ¿Ha perdido usted alguna vez la confianza en alguien a quien valoraba? ¿Cuáles fueron las circunstancias, y pudo recuperarla? Si fue así, ¿cómo lo logró?

3. Como líder, ¿cómo inspira usted confianza en la gente que Dios le ha encomendado?

LA RESTAURACIÓN DEL LUNES POR LA MAÑANA

Debo separar más tiempo para mis devociones privadas. He estado viviendo de una manera demasiado pública. La brevedad de mis devociones priva de alimento a mi alma, esta se enflaquece y se debilita. He estado trabajando hasta demasiado tarde en la noche.

WILLIAM WILBERFORCE

Lunes por la mañana. En las últimas setenta y dos horas he dado cinco sermones, he orado y hablado individualmente con por lo menos veinticinco personas que necesitaban alguna clase de cambio espiritual, he escuchado las quejas de dos personas "heridas" y he charlado con una pareja cuyo matrimonio está en plena decadencia.

Estoy cansado, siento incertidumbre e irritación porque creo que no me fue bien ayer. En las siguientes cuarenta y ocho horas, mi agenda dice que tengo que:

- Concurrir a una importante reunión del personal
- Pasar una velada con varias docenas de miembros nuevos
- Desayunar con uno de nuestros ancianos
- Visitar a una esposa descorazonada, cuyo esposo está deprimido

- Almorzar con un pastor que desea hablar sobre el desarrollo de líderes con visión
- Reunirme con una pareja de ancianos que está desesperadamente sola, porque la mayoría de sus amigos han fallecido o se han mudado a Florida
- "Cenar" con miembros de nuestro equipo pastoral que desean proponer algunos sueños sobre el futuro.

Intercalado entre estas horas se encuentra terminar un artículo, echarle una primera mirada al material para el sermón del fin de semana que viene y responder alrededor de treinta correos electrónicos.

Obviamente, no he dicho nada del tiempo privado con mi esposa, de las conversaciones con mis nietos (que sin duda me van a llamar) y de algunos momentos terriblemente necesarios de introspección.

En medio de todo esto, todos esperamos que sea una persona espiritualmente apasionada. Con esto me refiero a la persona que evidencia un toque de sabiduría, gracia, poder y fe (palabras que lo caracterizan a Esteban en Hechos 6) y que pone lo antedicho a disposición de los demás. Sin esas cualidades del espíritu, mi eficacia como pastor deja de tener peso.

Sin embargo, siento que estoy en una constante descarga espiritual, con sólo unos pocos momentos libres para recargar las baterías. Nunca olvido lo que le dijo Jesús a Simón Pedro, cuando el discípulo no podía creer lo que el Señor preguntó: "¿Quién me ha tocado?" mientras estaba en medio de una multitud de gente. "Yo sé que de mí ha salido poder" (Lucas 8.45-46).

La adquisición, mantenimiento y succión de energía espiritual es la preocupación principal de los pastores que desean seguir llenos de vida. El resultado, a largo plazo, de tener el tanque vacío es horrible: comenzamos a amargarnos y hacemos las cosas por pura fórmula; caemos en pecados que destruyen el ministerio; perdemos toda intimidad con Dios y con nuestro cónyuge y amigos; y, de una u otra manera, odiamos nuestro trabajo.

Como dijo Ruth Graham una vez, cuando le preguntaron si alguna vez había pensado en divorciarse de Billy: "¿Divorcio? ¡Jamás! Asesinato, muchas veces". Yo pienso en cuanto al ministerio: ¿Renunciar? ¡Jamás! ¿Escaparme a Suiza y escalar montañas? ¡Todos los lunes!"

Cómo renovar el espíritu

¿Cómo renueva su espíritu el líder? Lo poco que he aprendido de la renovación del espíritu interior, lo he aprendido a golpes, mayormente a través de fracasos, de épocas secas, de horribles momentos en los que sabía que tenía que hablar al alma de la gente y no tenía prácticamente nada que decir.

Pocas veces me faltan las palabras, las ideas o una mano amiga para a la gente. Pero no siempre he tenido lo "necesario" que sólo proviene de las profundidades del alma plena. Estas son algunas ideas que me han ayudado a manejar mejor mis mañanas de lunes.

Reconocer mi pecaminosidad

En el pasado, he tratado de actuar, hablar e impresionar a la gente como si yo fuera una reencarnación de Oswald Chambers. Algunas veces intenté seleccionar las respuestas correctas que sonaran más espirituales, hacer las oraciones que sonaran "piadosas" y entrar en las ambigüedades de la falsa modestia. Me pregunto si me veía tan ridículo como me sentía.

Un día, fue obvio que yo tenía la capacidad de ser un terrible pecador, y se descubrió el pastel. San Pablo y yo teníamos un problema similar: la pecaminosidad. Soy un pecador que realiza muchos viajes de regreso a la cruz para obtener perdón y restauración. Entonces, ¿por qué no reconocerlo y empezar a deleitarme en la misericordia de Dios?

He aprendido a reconocer rápidamente mi pecaminosidad frente a los demás. La revelación de Pablo de que él era "el peor de los pecadores" (1 Timoteo 1.16) es un buen comienzo como declaración pública.

Reducir el flujo de mis palabras

Pocos líderes saben cómo hacer preguntas a los demás, cómo descubrir lo que Dios podría decir en las experiencias ajenas. A menudo, nuestro instinto es decir todo lo que sabemos, como si hacerlo fuera la única manera de autenticarnos.

Me he esforzado por dejar de contarle a la gente mis más recientes discernimientos, mis intenciones espirituales y mis opiniones de cada líder, cada organización y cada ministerio. No soy tan inteligente ni tan sabio como solía serlo (lo digo en broma), y estoy descubriendo que es mejor decir menos. El hablar muy rápidamente, decir demasiadas cosas y con demasiado ingenio es destructivo para el espíritu. Los hombres y mujeres espirituales que he llegado a admirar, por lo general, eran personas tranquilas y más calladas que elocuentes.

Esto es difícil para los que somos extravagantemente verbales. Pero he hecho un esfuerzo por convertirme más en alguien que hace preguntas y menos en alguien que da respuestas. He llegado a apreciar la sabiduría de Brigid Hermann que una vez observó que cuanto más le hablamos a los demás, sobre todo lo que estamos aprendiendo y experimentando, tanto menos necesitamos hablarle a Dios.

Planificar cada día

Ahora, planifico cada día de acuerdo a un propósito. En la parte delantera de mi diario están "mis intenciones diarias", que describen lo que representa para mí una vida significativa. Mis intenciones diarias se han forjado con mucha meditación, oración y experimentación. Como la ribera de un río, me ayudan a canalizar mis energías en la dirección correcta.

Por ejemplo, mi propósito diario habla de una alegre y reverente comunión con mi Padre; cooperación y devoción con los que amo y un compromiso pastoral y humilde para servir en el reino de Cristo. Todas las mañanas, a través de este lente de tres partes, medito en el día que me aguarda. Esto le da forma a mis oraciones, sirve de base para mi lectura meditativa y examina mis planes personales.

Volver a concebir el amor de Dios

En mis años de juventud, mi amor por Dios se basaba en un modelo sentimental o romántico. Con razón me costaba encontrar alguna realidad en él, o incluso sostenerlo. Ahora, mi amor por Dios se percibe mejor de acuerdo al modelo de padre/hijo. Es una aventura para entender cómo honrar a Dios: reverenciarlo, obedecerlo y agradecerle; expresar un dolor apropiado por mis errores y pecados y perseguir una "timidez", en la que puedo escuchar cómo le susurra a mi alma.

Estas no son las actividades de una relación romántica; tienen más sentido cuando me acerco a Dios como el padre divino.

Ensuciarme las manos

Por extraño que parezca, he descubierto que una de las claves para la espiritualidad es participar en el trabajo común de mi casa y matrimonio. Durante muchos años, le concedí la administración y mantenimiento de nuestro hogar, nuestra agenda social, nuestras finanzas y nuestra vida personal (lavar la ropa, cocinar, etc.) a mi esposa, para poder aprovechar al máximo mis esfuerzos en las "cosas importantes". La gente en cargos de liderazgo (sobre todo los hombres) tiene la tendencia de deshacerse de las tareas simples del hogar.

Pero en dicha labor se encuentra el portal a la genuina humildad. No se adquiere humildad a través de la modestia; se encuentra al aceptar los asuntos simples del trabajo ordinario. Los monjes lo han sabido durante siglos.

No sólo saco la basura o limpio el baño porque me lo piden, sino que emprendo tales tareas como parte de una responsabilidad constante. Al hacer las cosas simples de la vida, encuentro mucho de la presencia de Dios (y un mayor respeto por mi esposa).

Renunciar a querer arreglar las cosas

Ahora rechazo lo que percibo como la intensidad superficial de gran parte del ministerio cristiano: todo es un problema, cada persona necesita que la compongan, y toda la obra del reino tiene que hacerse antes de que me muera. El ministerio es mi vida, pero ya no rechazo la necesidad de tener momentos de esparcimiento (con Gail y con amigos cuidadosamente cultivados). Ahora me río mucho más y me aseguro de que mi entusiasmo por la vida sea elevado.

En mis conversaciones con pastores, me desalienta ver cuántos de ellos han dejado de lado sus deseos personales. Esto puede generar enojo y tristeza.

Cuando era joven, como esposo y padre, dejé de esquiar para darle paso a otras prioridades. Más adelante en mi vida, mi esposa me alentó a regresar a las pistas de esquí. Ahora, la mejor parte del año es cuando paso un par de días en las Rocosas. Soy el primero en fila para subir a la montaña y el último que se baja del telesquí en la tarde. He aprendido a jugar otra vez.

Además, ya no tengo que tener siempre la razón. Ya no tengo que ser el mejor, tener el control de todas las situaciones, concurrir a todas las funciones nacionales de pastores y líderes cristianos, y ofrecer una opinión o aval a cada sueño, visión y movimiento que alguien sienta que Dios lo ha llamado a lanzar. De hecho, he aprendido a decir que no. Ya no tengo que promocionarme, ofrecerme o venderme a los demás.

Pasar tiempo con los débiles

Solía tratar de pasar todo mi tiempo con los fuertes. Me sentía impulsado a priorizar mi tiempo. Incluso ahora, el líder administrativo en mí dice: "Pasa tiempo con la gente con mucho dinero, con instintos políticos, con las mejores conexiones y el carisma". Luego, un día, me convertí en uno de los débiles y aprendí lo que se siente cuando varias personas se acercan sólo para asegurarnos que nos aman. Como resultado, he puesto esfuerzo en aprender a ser amigo de los débiles.

Los débiles no son necesariamente las personas con problemas; son, más bien, aquellos que pasan desapercibidos: los muy ancianos, los muy jóvenes, la gente socialmente rara. En una de nuestras reuniones de miércoles en la noche en *Grace Chapel*, le pregunté a una joven mamá si podía sostener su bebé mientras ella estaba en fila para servirse la comida y disfrutar de esa breve cena con su esposo y amigos. El bebé y yo nos llevamos a las mil maravillas y el papá parecía conmovido por el hecho de que un pastor sintiera afecto por su amado bebé.

Los ancianos, los profundamente arrepentidos, los afligidos y los niños conocen mucho mejor la realidad que los fuertes. He descubierto que los débiles dicen algunas de las cosas más fascinantes. Quizás sea esa la razón por la cual Dios pasa la mayor parte de su tiempo, según Isaías 57.15, con el "contrito y humilde de espíritu".

Acercarme al sosiego

El ir a la cama temprano casi todos los días me ha dado la posibilidad de aprovechar las horas tempranas del día, antes de que comiencen las llamadas, los correos electrónicos y las citas con su constante intromisión. En la quietud, las Escrituras, las liturgias antiguas, las oraciones y las reflexiones espirituales de los maestros han documentado mi alma. He comenzado a amar nuevamente la Biblia, y con ello, las reflexiones de los antiguos, y no tan antiguos, de gran cantidad de tradiciones.

El reencuentro con la pasión espiritual

Algún día, después de que haya dejado este lugar, mis hijos tendrán un problema: qué hacer con todos los diarios de años que cuentan mi historia, llena de altibajos, logros y humillaciones. Si eligen leer fragmentos aquí y allá, podrán ver lo común y corriente que fui, pero lo benévolo que ha sido Dios en esos momentos de quietud, de llenar los espacios vacíos con sus promesas y afirmaciones.

Esas búsquedas espirituales no garantizan que no habrá fracasos ni derrotas. Pero si se convierten en una costumbre, ofrecen un lugar a donde ir, una forma que seguir en el momento de la derrota.

Por lo tanto, este lunes por la mañana, después de un fin de semana de locura y pleno de actividades, me acerco a mi altar privado con mi Biblia, mis lecturas de reflexión, mi computadora portátil y mi alma semivacía. He estado aquí anteriormente. Dios tiene algo que decirle a esta alma cansada. Y cuando termine, volveré a ser un hombre razonablemente nuevo. He reencontrado la pasión espiritual.

PARA REFLEXIÓN ADICIONAL

1. En su vida, ¿cuáles son los acontecimientos, actividades, gente o puntos desencadenantes que lo presionan hasta quedar exhausto?

2. ¿Cómo piensa que ha cambiado su relación con Dios a lo largo de los años? ¿Percibe a Dios como su Padre?

3. ¿Cómo elabora personalmente el alivio que necesita para recargar las baterías y liderar con energía? ¿Hay algún pasatiempo o actividades que ha dejado de lado y, si fuera así, cómo podría volver a incorporarlas a su vida nuevamente?

10

LOS MOMENTOS PRIVADOS DEL LÍDER PÚBLICO

A pesar de que siempre tengo prisa, nunca estoy apurado, porque nunca emprendo más de lo que puedo llevar a cabo con perfecta calma de espíritu.

JOHN WESLEY

En el precioso libro de Walter Trobisch *Yo me casé contigo*, encontramos el relato de una intensa conversación del autor con la esposa de Daniel, un pastor africano. Walter y Esther están sentados a la mesa del comedor de su casa esperando a Daniel después de un servicio de domingo en la mañana, en el que Walter dio una charla sobre el matrimonio. Ahora están sentados frente a una magnífica cena preparada por Esther.

Pero el problema es Daniel. No está allí. Y el hecho irrita cada vez más a Esther, que está consciente de que su esposo está allí fuera, conversando con miembros de la iglesia que se quedaron un rato más. No parece darse cuenta de que está ignorando a su invitado y ofendiendo a su esposa que ha hecho todo lo posible para brindar una genuina hospitalidad.

Sin poder ignorar las señales de su frustración, Walter le dice a Esther: "Sufres y sientes vergüenza por mi causa". Después de recobrar la calma, Esther le responde: "Quiero mucho a Daniel, pero él no es un hombre que respeta los horarios. A mí no me molesta que trabaje mucho, pero deseo planificar mi día y tener orden en mis tareas. Él es un hombre que actúa por impulso. Es un excelente pastor. La gente lo quiere mucho, pero me temo que se aprovechan de él".

En la base de la preocupación de Esther está el problema del tiempo. Ella y Daniel no están de acuerdo en cómo usarlo correctamente. ¿Y el resultado? Cada vez son más ineficientes en la realización de las cosas a las que se comprometieron originalmente, y el problema del tiempo está comenzando a tener un efecto corrosivo en su relación matrimonial.

Si lo entendemos y administramos correctamente, el tiempo es sin duda uno de nuestros mejores amigos. Si lo despreciamos y lo administramos incorrectamente, el tiempo se convierte en un formidable enemigo. Peter Drucker, entre otros, ha dicho muy claramente que el problema del tiempo se encuentra en la base misma de nuestra eficacia como líderes y administradores. En su libro *El ejecutivo eficaz*, nos recuerda precisamente que el tiempo *no es elástico*: no lo podemos estirar, *no es reemplazable*: no lo podemos reclamar y *es indispensable*: no se pueden hacer las cosas sin él.

El ministerio terrenal de Jesucristo señala algunos principios útiles acerca del uso general del tiempo. No es nada nuevo apuntar que Cristo nunca mostró señales de estar apurado, presionado o atrasado y tratando de ponerse al día. Aun cuando mostrara de vez en cuando evidencias de estar físicamente cansado, jamás parecía estar emocionalmente frustrado por falta de tiempo, algo que vemos mucho en el ministerio cristiano actual.

Leemos que Jesús ignoraba a las multitudes para conversar largamente con doce hombres. Lo vemos dormido en un bote, pasar por alto una comida para hablar con una mujer, e incluso, interrumpir un encuentro con varios adultos para prestar atención a los niños. Interesante uso del tiempo, ¿no les parece? Estoy seguro de que algunos habrán sacudido la cabeza ante las maneras extrañas en que Jesús invertía las horas de su vida. Pero, en retrospectiva, vemos que jamás dejó de usar su tiempo correctamente, y que cumplió a cabalidad su misión en tan sólo treinta y tres años.

Hoy día, mucha gente escribe sobre el agotamiento. ¿Por qué no se agotaba Jesús? Pienso que la respuesta yace en tres simples principios: Jesús medía todas las inversiones de su tiempo de acuerdo a sus propósitos, pasaba tiempo a solas con el Padre y no trataba de hacer demasiadas cosas a la vez.

Mitos sobre el tiempo y el liderazgo

Es necesario que entendamos ciertos mitos sobre el tiempo que nos hemos estado enseñando los unos a los otros durante años. Tales mitos son contrarios a los principios que empleó Jesús en su ministerio.

Mito No. 1. Tenemos la responsabilidad individual de salvar a todo el mundo. Ríanse si quieren de lo absurdo de esto, pero muchos de nosotros actuamos como si realmente creyéramos esta ridícula afirmación. Este mito se origina en nuestros impulsos de igualar el potencial que imaginamos que Dios nos ha dado. Además, no nos agrada no poder participar en aquello que están haciendo los demás. De modo que nos damos cuenta de que queremos hablar en todas las conferencias, ser miembros de todas las juntas a las que nos invitan, que nos consulten sobre cada asunto que enfrenta nuestra gente y ser amigos de todas las luminarias de nuestro horizonte.

Si sucumbimos a este mito —como les ocurre a muchos— llegamos a un final trágico cuando, desalentados, nos damos cuenta de que nunca llegamos a conocer la suficiente cantidad de gente, no podemos concurrir a todas las conferencias y nunca tenemos todo el tiempo necesario para asistir a todas las reuniones de la junta. Poco a poco, nos damos cuenta de que no podemos salvar al mundo, más bien, podemos estropearlo.

Mito No. 2. Ya se nos está acabando el tiempo; queda poco de él. ¿Corro el riesgo de perder algunos de mis atesorados amigos en la fe, cuando me alejo públicamente de las filas de los que piensan que ha llegado "la medianoche" y que no tenemos un minuto que perder?

Yo he dejado de admirar al hombre motivado por la ambición. Ahora, mi admiración se concentra cada vez más en la persona que, como el granjero, ha aprendido a tener paciencia, en la persona que ha aprendido que las mejores cosas tardan en crecer y que lo único que podemos hacer es seguir el orden adecuado de sembrar, cultivar y cosechar. Ninguna cosecha aumenta porque la hagamos con prisa.

Toda mi vida, me apresuraban aquellos que predecían que la destrucción del mundo estaba a la vuelta de la esquina. Si yo hubiera respondido a sus predicciones, habría desperdiciado mi vida. Aunque creo que la destrucción del mundo y el inminente regreso de Cristo podrían ocurrir hoy mismo, estoy igualmente preparado para actuar como si faltaran otros mil años más.

Mito No. 3. Un líder tiene que estar siempre disponible para cualquier emergencia. Cuando era pastor joven, incorporé la idea de que el llamado al ministerio significaba que yo le pertenecía a la congregación día y noche, cincuenta y dos semanas al año. Con demasiada frecuencia, escuché la admiración en voz baja del hombre dedicado que jamás se tomaba un día libre, casi nunca se iba de vacaciones y que se ofrecía a sí mismo como algo al alcance inmediato de la gente. Hubo una época en que realmente creía en esa clase de vida, y me sentía culpable por resentir sus exigencias.

Todavía creo en la accesibilidad razonable del líder. Por otro lado, ya no temo estar fuera del alcance de la gente cuando llega el momento de buscar momentos de soledad, de estar con mi familia, o de disfrutar de este maravilloso mundo. En todos los años en que he sido pastor de tres congregaciones, enfrenté sólo unas pocas situaciones en las que se necesitaba mi presencia al instante.

Mito No. 4. El descanso, la recreación y el tiempo libre son usos del tiempo de segunda clase. ¿Recuerdan la pregunta intimidante que nos hacían a muchos de nosotros cuando éramos jóvenes? "Si viniera Jesús mientras tú estás (en el cine, besando a tu novia o junto a tu pandilla en el drive-in de la zona), querrías que él te encontrara en esa situación?"

La pregunta nos sigue acosando en la edad adulta. Ahora surge de la conciencia, cuando nos preguntamos qué pensaría Jesús si viniera y nos encontrara jugando raquetbol, remando una canoa por el río Penobscot en Maine, en un concierto de los Boston Pops o, sueño de los sueños, viendo un juego de los Boston Celtics en las finales de la NBA.

¿Por qué nos sentimos tan incómodos con todo lo que significa descanso, recreación y tiempo libre? Porque, sin darnos cuenta, hemos organizado nuestro tiempo así: de buena clase, mejor y de la mejor.

Pensamos que el liderazgo es tiempo de primera clase. Todas las demás actividades son tiempo de segunda o tercera clase. ¡Estamos equivocados! En general, el Dios de la Biblia tiene que sentirse igualmente complacido cuando sus hijos juegan y cuando trabajan, cuando cada cosa se lleva a cabo para hacer posible la mayor eficacia de la otra. "Apártate y descansa" son las palabras de Cristo. Y "Dios descansó y se refrescó" son las palabras de Moisés.

Mito No. 5. Es glamoroso, e incluso heroico, agotarse, quebrantarse y hasta explotar relacionalmente si podemos probar que nuestros amigos o cónyuge nos dejaron porque estábamos cumpliendo fielmente nuestra misión. A pesar de que no deseo restarle importancia al santo que ha dado su vida por el bien del Evangelio, es igualmente correcto perseguir una larga vida de servicio regular, que alcanza su nivel más alto en la vejez, con una cantidad masiva de sabiduría y experiencia para entregar a la siguiente generación.

Mito No. 6. La familia del líder cristiano renuncia automáticamente a su derecho de poseer el liderazgo espiritual y familiar del padre (o la madre). La generación anterior de misioneros con frecuencia solía dejar a sus hijos al cuidado de otras personas, para viajar a diferentes partes del mundo. Trabajaban bajo la ilusión de que, si eran fieles al ministerio, Dios les garantizaría el crecimiento y desarrollo de sus hijos. Trágicamente, una porción importante de esas personas se dieron cuenta de que no funcionaba de esa manera.

Los que estamos en el liderazgo cristiano, no deberíamos tener una familia si no estamos dispuestos a cuidarla y criarla adecuadamente. No es un asunto de los demás. Cuando comencé mi vida como pastor, me acerqué a un viejo predicador y le pregunté: "¿Qué es más importante, mi familia o la obra del Señor?" Su respuesta aún resuena en mis oídos: "Gordon, tu familia es la obra del Señor".

El mundo del tiempo privado

Un ejecutivo empresarial me dijo: "Estoy alarmado por la mala calidad del tiempo que paso fuera del trabajo. Me parece como que lo único que hago es correr a esta o aquella reunión cívica o de la iglesia. Casi no tengo tiempo para sentarme tranquilo y conversar con mi esposa, ni tampoco para ponerme al día con mis propios pensamientos. Francamente, ambos estamos tan cansados de este incesante trajín que incluso la dimensión sexual de nuestra vida está siendo afectada. Estamos perpetuamente exhaustos".

Esta es un área en la que todos los líderes tienen un problema similar. Nuestro trabajo y las exigencias a las que estamos sometidos parecen expandirse hasta ocupar todo el tiempo que poseemos. Si permitimos que esto ocurra, siempre estaremos atrasados, preguntándonos dónde y cuándo se acabará todo esto.

¿Cuáles son algunos de los momentos fuera del trabajo que todos necesitamos?

Tiempo a solas

¿Les sorprendería si les dijera que mi primera necesidad como persona es tiempo para estar a solas? Esto incluye la soledad espiritual, donde puedo tener comunión con Dios como lo hacía Cristo, pero también incluye el tiempo para pensar, hacer ejercicio y estar conmigo mismo. Cuando estamos constantemente en medio del ruido y el trajín de la gente y de los programas, casi nunca podemos meditar ni pensar, y la falta de tiempo para hacer tales cosas inhibe nuestro crecimiento.

Con cierta regularidad, coloco en mi agenda un día a solas para caminar, sentarme o llevar una canoa por un río en el bosque. ¡Qué vitalmente importante es estar un rato en silencio! En los tiempos a solas, mi mente y espíritu interior se vuelven a convertir en un manantial de ideas y posibilidades. Puedo catalogar los asuntos con los que estoy lidiando personalmente, ya sea asuntos de fe, trabajo o relaciones.

Naturalmente, este tiempo a solas se acrecienta para incluir a la familia. En nuestra casa, creemos que nuestro matrimonio es un don para nuestra congregación, como el modelo de una relación cristiana. Por lo tanto, mi esposa y yo hemos comprendido la importancia de extender al máximo nuestras oportunidades de estar el uno con el otro, de manera que nuestra relación se mantenga íntegra y saludable. Por ejemplo, cuando regreso a casa de mi estudio, buscamos un rato a solas en el que conversamos sobre los eventos del día. A esto lo llamamos nuestro tiempo de sosiego matrimonial y, dado que pensamos que es importante llevarlo a cabo cuando llego a casa, por lo general llamo a mi esposa por teléfono cuando salgo de la oficina.

Estos mismos principios se aplicaban a nuestros hijos cuando estaban creciendo. Hacíamos un verdadero esfuerzo por estar con ellos. Las cenas eran inviolables en nuestra agenda y, a pesar de que todos estábamos muy ocupados, sabíamos que la familia se reuniría todos los días a la hora de la cena. Lo que es más, mientras estábamos juntos durante esa hora, el teléfono estaba apagado.

Tiempo de inactividad

Me he dado cuenta de que en mi vida privada existe la necesidad de lo que llamo tiempo de inactividad. Todos los que estamos en el liderazgo tenemos épocas de inactividad, esos períodos en nuestra vida que inevitablemente aparecen al poco tiempo de haber generado altos niveles de energía emocional, o al final de un importante esfuerzo. El tiempo de inactividad suele aparecer después de un período muy intenso de interacción con la gente, cuando uno queda agotado por las incesantes conversaciones, la toma de decisiones y el dar consejos.

Sospecho incluso que todos tenemos épocas generales de inactividad durante ciertas estaciones del año. He descubierto que mayo es un mes lento para mí, y parece provenir del hecho de que he estado "cargando" a muchos amigos y miembros de la congregación durante los largos meses de invierno y entrada la primavera. Ellos han tenido sus propias épocas de inactividad y, mientras estuvieron inactivos, yo he tenido que permanecer activo. Mayo parece ser mi turno.

¿Qué se puede hacer con las épocas de inactividad? Bueno, para empezar, podemos aceptarlas como parte del ritmo de la vida. Segundo, podemos tenerlas presentes cuando programamos nuestra agenda. Si los lunes en la mañana son deprimentes, tenemos que evitar programar compromisos que nos arrebaten lo que hemos recibido el domingo. El trabajo o el descanso tienen que ser acordes al clima generalizado en ese período. Si miro mi agenda y veo un período de diez días de mucha actividad y mucha presión, inmediatamente trato de bloquear un día al final de ese período para poder comenzar a restaurar las energías que consumí durante ese difícil período.

Lo más importante que debemos recordar del tiempo de inactividad es que no es necesariamente una señal de inmadurez personal ni espiritual. Es tan esencial para la mente y las emociones como lo es una pausa para la persona que realiza un trabajo físico pesado.

Tiempo de reposo

Otra clase de tiempo privado que busco regularmente es el que llamo día de reposo. Me encantan las palabras en Éxodo sobre Dios y su propio tiempo sabático.

> *[El sábado] es una señal perpetua de mi pacto con el pueblo de Israel. Pues en seis días el SEÑOR hizo los cielos y la tierra, pero en el séptimo dejó de trabajar y descansó (Éxodo 31.17 NTV).*

El domingo no es un día de reposo para los pastores, ni para muchos de los líderes laicos de las grandes congregaciones. Ha llegado el momento para que muchos de nosotros en el ministerio tomemos en serio el genio de la experiencia del reposo. Yo veo el día de reposo como un período de tiempo planificado intencionadamente para estar en silencio, reflexionar, realizar descubrimientos espirituales y rememorar con júbilo los logros y actividades del pasado. Definitivamente, el tiempo de reposo no es un día para hacer las tareas del hogar que habían quedado pendientes, ni para recreaciones agotadoras, ni para fiestas. El tiempo del reposo es para retirarnos espiritualmente, apartarnos. En él, adoramos, meditamos y buscamos llenar el espíritu interior. Cuando termina, nos sentimos descansados.

Nos hemos alejado tanto del concepto bíblico del reposo que prácticamente no sabemos ya qué acontecimientos tendrían que ocurrir durante ese día. He escuchado a algunos que dicen que no hay tiempo para esta actividad idealista. Si eso es verdad, entonces hemos sobrecargado nuestra vida con más relaciones, fechas límite y responsabilidades que las que Dios desea.

Últimamente, mi esposa y yo hemos perseguido el ideal de un día a la semana que llamamos nuestro Sabbat. Es más que un día de descanso; es un tiempo de restauración repleto de lecturas y meditación. Es un día en el que recargamos nuestra alma, de tal modo que cuando nos alejamos de la "montaña" tenemos algo que dar en cuanto a energía espiritual a la gente que servimos.

Me impresiona la oscura declaración de Juan después de que Jesús terminó de hablarle a la gente: "Entonces todos se fueron a casa. Pero Jesús se fue al monte de los Olivos" (Juan 7.53-8.1). Nuestro Señor sabía que se había agotado y que necesitaba una restauración sabática. Otros regresaron a sus rutinas llenas de ruido y de gente; Cristo buscó el silencio donde pudiera escuchar la voz de su Padre celestial. Cuando regresó de la montaña, tenía cosas nuevas y frescas que decir.

Tiempo para crecer

Los pastores deberían buscar algo más en el sector privado de su vida: es lo que yo llamo tiempo de crecimiento. Por ejemplo, comencemos con el tiempo de crecimiento en función del cuerpo. Para mí, el tiempo de crecimiento físico ocurre entre las 5 y 6 de la mañana, varios días de la semana, cuando corro (bueno, para ser más honesto, troto) entre treinta y cuarenta y cinco minutos.

Por lo general, mi mente y emociones conspiran en contra de la noción de correr y, como mi vida de oración, jamás encuentro la manera de desear automáticamente correr. Pero una vez que he corrido la mitad del tiempo concedido, logro convencer a mi mente y emociones que vamos a hacer esto hasta el final y que sería mejor que finalizaran la carrera junto con mi cuerpo. Cuando cruzamos la línea de llegada todos juntos —cuerpo, mente y emociones— tengo una increíble sensación de victoria personal.

El tiempo de crecimiento significa también ejercitar la mente. Todos los meses trato de pasar varias horas en la biblioteca pública, para entrar en contacto con nuevos títulos y explorar la enorme amplitud de conocimientos disponibles que podrían ser útiles para mí y mi congregación.

La disciplina y el tiempo

¿Cómo hemos mantenido cierta apariencia de orden en nuestros momentos públicos y privados? Varias observaciones al azar sobre cosas que mi esposa y yo hemos aprendido con el pasar de los años podrían resultar útiles.

Primero, creemos que es necesario tener un calendario. Gail y yo hemos mantenido un calendario maestro durante años. Entre seis y ocho semanas antes, escribimos importantes bloques de diversas clases de tiempo privado. Los ponemos en el calendario antes de que comiencen a aparecer los acontecimientos de la vida de la iglesia.

Segundo, creemos en dejar el teléfono descolgado durante ciertas horas en nuestra casa. Nuestro teléfono "no suena" durante la hora de la cena, durante las conversaciones familiares y durante los períodos en que el estudio y la meditación son extremadamente necesarios. En cincuenta años, no puedo recordar un solo momento en que el ser accesible al instante haya sido una necesidad. Hemos aprendido a no permitir que el teléfono sea nuestro amo y señor.

Tercero, mi esposa y yo aprendimos hace varios años que necesitábamos seguir la disciplina de un tiempo de quietud como pareja. Nuestros hijos han reconocido nuestra necesidad y, cuando ya fueron más grandes, han evitado interrumpir innecesariamente a mamá y papá en esos momentos en que estaban conversando a solas. Dado que mi esposa ha centrado gran parte de su vida en el hogar como esposa y como madre, pienso que los momentos de tranquilidad como pareja son una necesidad absoluta para poder compartir con ella lo que he estado haciendo en el mundo, lo cual ella ha hecho posible al mantener la base del hogar.

Cuarto, hemos aprendido la ley del tiempo de calidad. Cuando estamos juntos como familia o pareja, tenemos cuidado de ser atinados y estar alertas en cuanto a nuestra actitud mental, nuestra vestimenta y nuestros modales. Estas son cosas que hemos hecho por los miembros de nuestra iglesia, ¿por qué no, entonces, por nuestras amistades íntimas? Los lunes en la mañana, yo tenía la costumbre de bajar a desayunar sin haberme rasurado, lavado y vestido. Gail me señaló que si yo me vestía para Dios y la congregación como lo hacía los domingos, ¿qué le estaba comunicando a ella con la manera en que me vestía (o no me vestía) los lunes en la mañana? Entendí lo que me quiso decir.

Demasiados niños y esposas ven al líder cristiano sólo después de un día de trabajo, cuando están exhaustos y ya no les queda nada para ofrecer. Gail y yo hemos tratado de programarnos de manera tal que nos podamos ofrecer algunos de los mejores momentos del mes, cuando nuestra mente, nuestras emociones y nuestros cuerpos están vivos y alertas.

Quinto, he aprendido a ajustar nuestros pasatiempos a las necesidades de la familia. Al comienzo de mi vida familiar, me di cuenta de que no podía buscar una vida recreativa con amigos y tener además una adecuada cantidad de tiempo disponible para tener una vida recreativa con mis hijos. Por lo tanto, opté por hacer cosas que mis hijos pudieran compartir conmigo: remar, acampar, hacer excursiones y otras actividades para hacer ejercicio y estar juntos lo más posible. Me temo que demasiados padres derrochan una enorme cantidad de energía en las canchas de tenis, de golf o gimnasios con otros adultos y luego se preguntan por qué no tienen tiempo para sus hijos. Yo admito, con la intención de ser honesto, que esta ha sido una doctrina que me ha resultado fácil incorporar, ya que juego muy mal al tenis y jamás he podido hacer menos de 100 en golf (incluso en nueve hoyos).

Es una advertencia antiquísima: *Conócete a ti mismo.* Pero igualmente importante es la propuesta: *Conoce tu tiempo.* Al no conocerlo, no podemos administrarlo. Al igual que lo que sucede cuando no administramos el dinero, es difícil dar cuenta del tiempo no administrado y, por consiguiente, lo derrochamos innecesaria y trágicamente. Pero si aprendemos a ordenar los momentos privados de nuestra vida, podemos incrementar las posibilidades de estar más atentos, ser más eficaces y, por tanto, nos acercamos más a la clase de persona que Dios desea y que nuestra congregación necesita.

PARA REFLEXIÓN ADICIONAL

1. ¿Cómo administra usted su tiempo o, más correctamente, cómo se maneja usted en su tiempo? ¿Cómo resuelve el problema de la explosión de la tecnología (por ejemplo: teléfonos celulares, teléfonos inteligentes, Facebook, Twitter) y los retos que presenta el ordenar su mundo privado?

2. Programe un día para estar a solas. Ya sea que pase el día al aire libre o que visite un museo, úselo para estar en silencio y reflexionar.

3. Planifique tener una mañana de "tiempo de descanso sabatino", solo o con su cónyuge. Use el tiempo para leer, orar, escribir en su diario y deleitarse en la presencia de Dios. Durante este tiempo, apague su teléfono celular y su computadora.

11

EL MINISTERIO DE RODILLAS

*Ningún momento del día es mejor
Que el que pasamos de rodillas.*

J. C. RYLE

Ingresé al ministerio pastoral durante una época de gran transición de la iglesia institucional, al principio de los años sesenta. A los ojos de muchos, la iglesia había tocado fondo. La palabra de moda era "relevancia", y se decía que la iglesia, así como los predicadores en general, eran irrelevantes, incluso obsoletos. Como resultado, un gran porcentaje de mis compañeros del seminario se marcharon a las misiones, a las obras paraeclesiásticas, a las capellanías y a una nueva disciplina llamada consejería. Sólo unos pocos de nosotros pensábamos realmente que teníamos un futuro en el ministerio pastoral.

Es probable que mis recuerdos no sean precisos, pero como pastor nuevo, me parecía que todas las semanas, alguna persona de una organización nueva aparecía en el pueblo con un programa nuevo que venderme.

El argumento de venta inicial pocas veces variaba: la iglesia se estaba muriendo, los pastores estaban desesperados y aquí tenemos un programa (ungido por Dios) para salvarlo todo. En alguna parte del país (generalmente en California) había una iglesia que había adaptado el programa y ahora estaba creciendo de "miles en miles" (cuéntelos si puede).

Siempre me sentía un poco culpable y falto de fe cuando respondía: "Pero eso es en California", o "es una clase distinta de líder" o "usted no conoce a nuestra gente (o a mí)".

Si no era el representante de una organización, era alguien de mi propia gente que regresaba de alguna iglesia o conferencia diciendo: "No va a creer lo que Dios está haciendo allí", o "tiene que ir a su _____", o "tiene que comenzar este _____".

Siempre trataba de responder amablemente, mostrar un auténtico interés y entusiasmo, pero a veces me resultaba difícil hacerlo.

Solo de rodillas

A lo largo de mi trayectoria como pastor, he visto muchas modas, énfasis y llamados a reconstruir la iglesia: la renovación de la iglesia, la vida del cuerpo, la evangelización personal, los dones carismáticos, las convenciones de escuelas dominicales, el movimiento de Jesús, la música contemporánea (¿tambores en el santuario?), el crecimiento de la iglesia, el proyector de diapositivas y los inventarios de los dones espirituales de "pastores-maestros", el movimiento a favor de la vida, el discipulado, los conciertos de oración, los grupos pequeños, la enseñanza escolar en el hogar, el teatro y la danza, la liturgia y los ritos y la adoración con música country & western.

Algunos de ellos fueron un breve destello y luego desaparecieron; otros han tomado un puesto sólido en nuestras perspectivas del ministerio. Pero cada uno, cuando apareció, sólo era la última de una serie de soluciones para responder a los males de la iglesia.

Cuando comencé el ministerio público, el lema era "liberar a los laicos"; hoy día, el lema es "ser sensible a los que buscan la fe". En ese entonces, deseábamos recuperar los "grandes himnos de la iglesia"; hoy día, parecería que los inventamos en el camino. Ayer, hablábamos de cambiar el mundo; hoy parecería que lo único que queremos es cambiarnos a nosotros mismos. Como dicen del tiempo, si no te gusta cómo está en este momento, espera otros quince minutos y verás.

Cuando era mucho más joven, me turbaba escuchar todos esos reclamos. Por ende, fue muy importante para mí el momento en que me dirigí a un hombre más viejo y sabio que yo y le dije: "La cabeza me da vueltas cuando trato de determinar cuál de estos enfoques es el que me conviene. ¿Cómo elijo? No puedo embarcarme en todos".

Nunca me voy a olvidar de su respuesta: Tú y tus líderes sólo podrán encontrar la respuesta de rodillas. Existe un camino para ti y tu iglesia, pero no dejes que nadie se interponga entre tú y Dios mientras lo buscas". Fue una respuesta simple pero absolutamente profunda. Desde entonces, he tratado de seguir su consejo.

Hoy día, ese consejo es más importante que nunca. Las estrategias para el ministerio, las técnicas, los recursos y talentos que nunca podríamos haber imaginado hace años abundan. ¡Qué maravilloso! Pero cuán apabullante y potencialmente peligroso a la vez. Sólo alguien con gran percepción puede encontrar la sustancia.

Más de un pastor joven (incluso yo) fue al seminario que promete grandes cosas y ha regresado a casa con entusiasmo, esperando que algo semejante a una reforma estalle en su pueblo. Un año después, algunos están en camino de dejar el ministerio: descorazonados, rechazados y derrotados. Las víctimas del corazón pueden ser muchas.

Otros más afortunados, se preparan para probar algo diferente. Lo que funcionó en California, en Georgia, en Colorado (ejemplos al azar), no funcionó en "mi" comunidad.

"Sólo de rodillas", dijo mi amigo. Las rodillas son el punto de partida. Pero desde ese punto de partida, he descubierto un grupo de principios que nos ayudan a tomar buenas decisiones en cuanto a dónde ir y cómo tomar decisiones estratégicas en el ministerio. Esos principios son verdaderos dones, algo que yo no supe apreciar del todo cuando era joven. Sólo en retrospectiva puedo apreciar su valor y ahora comprendo que son parte del amor de Dios, la manera en que él responde cuando nos ponemos de rodillas.

Valore lo habitual más que lo novedoso

El primero de estos principios del ministerio proviene de mis profesores del seminario. Cuando hice mis cursos de posgrado, mi seminario era relativamente joven y tenía problemas, apenas lograba sobrevivir. Sus profesores no tenían más que ofrecer que una sólida enseñanza y su propia persona. Invertían en los jóvenes, visitaban nuestras casas (es decir, casuchas) cuando se les invitaba y ellos, a su vez, nos invitaban a las suyas. En el contexto de su vida académica y familiar, eran un modelo de estabilidad, carácter, destreza académica y vitalidad espiritual. Nos dejaban conocerlos.

Quizás la lección más importante era su insistencia en que fuéramos fieles a las rutinas de la vida y el ministerio antes de probar todas esas cosas "que cambian el mundo" y que seducen tanto el espíritu joven y ambicioso. En otras palabras, que hiciéramos lo correcto antes de intentar lo grandioso.

Las rutinas (las cosas correctas) son el elemento primordial de la vida de la congregación: ser dignos de confianza, buscar la excelencia, ocuparse de las personas quebrantadas, ser leales al estilo de vida bíblico, exaltar a Cristo, desarrollar a la gente. Ellos lo hacían, esos profesores del seminario, y su mensaje dejaba claro que nosotros teníamos que hacerlo también.

Aprenda su historia

El conocer la historia del movimiento cristiano es el contrapeso de todo ministerio que esté pasando por un período de turbulencia cultural y cambio (como ahora, por ejemplo). La historia ofrece el hecho de que, de una manera u otra, casi todo se ha probado antes. La historia revela tanto las posibilidades como los baches.

Yo invertí gran parte de mis energías de juventud en la búsqueda de eficacia como predicador, de modo que me vi tentado a computar mi éxito según la cantidad de gente que mis sermones atraían. Sin embargo, al leer historia, aprendí que era algo más que mi prédica lo que validaría la eficacia de mi ministerio.

George Whitefield podría haber reclamado fácilmente un número mucho mayor de respuestas a sus sermones que John Wesley. Pero al poco tiempo de la muerte de ambos, no había duda de que la obra de Wesley tendría un impacto muchísimo mayor en las generaciones futuras que la de Whitefield. ¿Cuál era la razón? Al contrario de Whitefield, Wesley organizó a sus seguidores en clases (una forma de grupos pequeños). Me di cuenta entonces que la predicación sin el refuerzo de una profunda comunidad no vale demasiado.

Vuele en la formación

Llegó un momento en el que aprendí a "volar en la formación" con una selecta colección de autores. Paul Tournier me enseñó de la gente. Elton Trueblood me enseñó a amar las ideas y la vida de la mente. A. W. Tozer elevó mi concepto de Dios y de la adoración. E. Stanley Jones se convirtió en mi inspiración para la evangelización y el reino. John Stott me enseñó el poder y la dignidad de predicar y me dio sed por una erudición bíblica que tenía en cuenta las "calles" del mundo real. Y mi querido Henri Nouwen me reveló las disciplinas de la vida interior. En los libros de estos autores encontré un punto de estabilidad que me ayudó a no correr demasiado rápido a los reclamos de éxito instantáneo, que provenían de los otros sectores.

A medida que han pasado los años, he acrecentado la amplitud de banda de mis lecturas y he descubierto que el Dios de toda verdad ha sazonado la creación con ideas en toda clase de lugares. Por ejemplo, la gran oda de Matthew Arnold a su padre, un poema llamado "Rugby Chapel", es un gran comentario sobre el liderazgo:

> Si, en los senderos del mundo
> Las piedras han lastimado tus pies,
> El gran esfuerzo o el desánimo han puesto a prueba tu espíritu,
> de eso no vimos nada
> —¡Para nosotros aún fuiste
> Alegre, servicial y firme!

En una época en que los líderes se ven tentados a "bajar el nivel" de su conducta y simplemente ser como todos los demás, la caracterización de Arnold de su padre me da mucho ánimo.

Héroes piadosos

Como cualquiera, necesitaba algunos héroes piadosos y Charles Simeon de Cambridge, del Siglo XIX, cumplía parte de esos requisitos. Al servir durante más de cincuenta años en una parroquia inglesa, Simeon se convirtió en mi modelo de pastor. Hace más de cien años, comprendió (y practicó) el desarrollo del liderazgo, los ministerios de los grupos pequeños, la teología de la comunidad, la evangelización de estudiantes y la administración de la iglesia.

Rara vez me he enfrentado a un problema importante en el ministerio al que no se haya enfrentado Simeon. Y sus experiencias han impedido más de una vez que yo haga el ridículo.

El biógrafo de Simeon, Hugh Evan Hopkins, describe con candidez sus excentricidades: "No hay duda de que Charles Simeon era su peor enemigo cuando el asunto era establecer amistades íntimas". En la época que yo leí esto, cuestionaba seriamente mi propia capacidad de ser un buen amigo, y capté esta oración y lo que sigue con mucho interés.

> La personalidad angular y a veces arrogante de [Simeon], contra la cual luchó toda su vida, fue el estorbo más grande de su camino. A pesar de ser muy sensible, tardó mucho tiempo en aprender a ser sensible a los sentimientos de los demás.

Crecí mucho a partir de esa simple noción.

Aparte de los héroes del pasado, siempre he tenido a un hombre en mi vida al que considero mentor o padre espiritual. En realidad, ha habido varios. Pero uno de los más importantes vive a dos mil millas de distancia y nuestro contacto es, en el mejor de los casos, esporádico. Sin embargo, cuando esto ocurre (por teléfono, carta o visita personal) es siempre intenso y poderosamente vigorizante.

Este hombre al que aprecio mucho (voy a respetar su anonimato para que no lo vuelvan loco con llamadas) siempre ha estado a mi disposición (y a la de innumerables otros). Ha estado allí en los momentos pico de mi ministerio y en los valles más profundos de desaliento y humillación. He tomado muy pocas decisiones importantes sin su consejo.

Mi esposa figura también en la lista. Gail es lo opuesto a mí en temperamento y me ha salvado de miles de decisiones tontas con sus agudas preguntas, su instinto intuitivo y su insistencia en las lealtades clave de la vida. Cuando me casé con ella hace cincuenta años, un amigo íntimo me advirtió: "Ella es un don de Dios para ti. No apagues sus dones —presta atención a su sabiduría; honra su juicio". Fue el mejor consejo. Me temo que sin él, habría hecho lo contrario.

El don de los amigos y los enemigos

Luego ha estado la influencia de los amigos. Una de las categorías es un pequeño grupo de hombres (dentro y fuera del así llamado ministerio) que son simplemente buenos amigos. Ellos son camaradas con los que comparto experiencias de la vida, que me brindan una perspectiva sana, oración, risas y lágrimas. No siempre he tenido esos amigos y fue en esos momentos, cuando me aislé, que experimenté las mayores dificultades y cometí tonterías.

La otra categoría de amigos se orienta hacia el ministerio. Hemos trabajado juntos y nuestro continuo diálogo de todos los días se destaca por su candor y creatividad. De ellos aprendí el valor de la vida de consulta del ministerio.

Una extensión de ello han sido las juntas directivas con las que trabaja el pastor. Nadie me enseñó el rol de las juntas, y me temo que mi primera impresión fue que esos grupos eran una carrera de obstáculos, con más adversidad que ayuda. Cambié esa actitud y, al hacerlo, descubrí que en general las juntas ante las que era responsable podían ayudarme muy bien a discernir y negociar los cambios y las oportunidades de afuera.

Con un poco de renuencia, me di cuenta de que tenía que dar crédito a mis críticos, por su gran ayuda durante años. Para serle franco, había más de una persona a la que no le caía bien. Sus diversas observaciones abarcaban todas las posibilidades de superficial, "liberal", de mucha labia, arrogante, ambicioso o despreocupado (y probablemente había más de uno que incluiría todo esto en su lista). Algunos de ellos creían que yo ni siquiera debería estar en el ministerio.

Si yo hubiera rechazado a mis críticos y no hubiera escuchado sus voces, habría perdido la pizca de verdad que había en su severa evaluación. Si los hubiera ignorado, probablemente habría caído en las mismas trampas de las que me acusaban de haber caído. Hay cosas que no he hecho, hay carros en los que no me he subido gracias a esta gente. Y, en la mayoría de los casos, me alegro. A pesar de que me ha llevado tiempo lograrlo, siento agradecimiento por ellos.

Uno de mis críticos, que luego se convirtió en un buen amigo, salió detrás de mí después de una reunión de la junta en la que yo había reaccionado, porque habían dicho que "no" a una de mis ideas "revolucionarias".

"Tienes que saber", me dijo, "que tu comportamiento allí dentro no fue demasiado distinguido. Momentos como ese harán que la junta deje de decirte lo que necesitas escuchar y eso, a la larga, te hará perder credibilidad frente a la congregación".

¿Qué les parece esto como amonestación?

Afianzado en las Escrituras

El amor por la Biblia ha sido un principio cada vez más importante para mí en el ministerio. Me imagino que ustedes pensarán que yo di cuenta de eso hace mil años. Prácticamente he memorizado Filipenses 1, Efesios 3, Hechos 20 y 2 Corintios 4. Estos pasajes han sido la quilla que ha estabilizado mi vida más visible. Los personajes bíblicos como José, Isaías, Esdras, Nehemías, Juan el Bautista y Pablo han sido mis luminarias. Me han enseñado a perseverar, a ponerme de pie después de un fracaso, a manejar las derrotas a cómo mantener los ojos fijos en la misión que Dios me ha encomendado.

Uno se pregunta si estos héroes de la fe elevarían sus ojos al cielo si vieran todos los folletos que llegan al escritorio de la mayoría de pastores, invitándolos a algún lugar exótico para adquirir algún nuevo conocimiento para el ministerio. ¿Dirían exasperados: "¡por favor!" al enterarse de que se publicó otro libro más sobre el liderazgo? ¿Entenderían la ambivalencia de la persona que dice: "Todo esto es muy bueno, pero en algún momento tengo que quedarme en casa y hacerlo"?

Cuando miro hacia el futuro y evalúo todos los pronósticos de los expertos, me vuelvo a desconcertar ante todo lo que tenemos por delante. Los futuristas, los demógrafos y la gente de mercadeo ofrecen más información de lo que puedo controlar. Me encanta leer y hablar sobre ella. Incluso me gusta cuando me invitan a contribuir a ella. Pero siempre existe la posibilidad de la sobrecarga.

Ahora no parece ser muy distinto a todos esos años anteriores, cuando le pregunté a un anciano cómo revisar todas esas opciones.

"Sólo de rodillas", me dijo. Y su consejo sigue siendo muy valioso aún.

PARA REFLEXIÓN ADICIONAL

1. ¿Cuánto tiempo se pasa usted de rodillas orando?

2. ¿Cuáles son sus "héroes piadosos" personales? ¿Qué dones personales le han concedido mediante sus vidas y sus escritos?

3. Cuando observa las tendencias actuales en el ministerio y el liderazgo, ¿cuáles piensa que poseen sustancia y cuáles no vale la pena seguir? ¿Por qué o por qué no?

SEGUNDA PARTE

LA VIDA EXTERIOR DE UN LÍDER

12

EL PODER DE LA ORACIÓN PÚBLICA

La oración ferviente de una persona justa tiene mucho poder y da resultados maravillosos.

SANTIAGO 5.16 NTV

Hace muchos años, me hice amigo de un hombre que se había jubilado, después de muchos años, como reportero y editor de un importante periódico. A lo largo de los años, me contó historias de su carrera periodística, muchas de ellas muy graciosas, pero otras indescriptiblemente tristes. Con frecuencia, mi amigo había presenciado, muy a su pesar, crueldades humanas, codicias, explotaciones e inmoralidades. Cuando le mencioné ese hecho, no me contradijo.

—Después de haber estado en el negocio de las noticias durante cuarenta años me dijo—, uno tiende a desarrollar una actitud algo cínica y sospechosa. Uno ha escuchado toda clase de mentiras, ha visto cada especie de corrupción, ha sido testigo de los comportamientos más sórdidos por parte de personas que el público percibe como santos y héroes.

Le pregunté cómo había mantenido su vida espiritual en medio de semejante ambiente. —¿No se tiene a veces la sensación de vivir en un sumidero? ¿Cómo evita uno contaminarse por dentro?

—No estoy seguro de haberme mantenido siempre impoluto —me respondió—. Al final de la semana, me sentía a menudo como un ser humano sucio. Por esa razón, cuando me dirigía los domingos a la iglesia, necesitaba algo que me limpiara: un aseo espiritual.

Este amigo, hizo más que cualquiera y me confrontó con lo que significa ser pastor los domingos por la mañana. Me di cuenta de que su situación, aunque a veces dramática, era básicamente la misma que la de las demás personas que vienen al culto. Lo sepan o no, ellos también provienen de un mundo saturado del mal. Todos necesitamos aseo. Comencé a preguntarme si nosotros lo suministrábamos.

Las oraciones en el bote de la basura

Años después de haber despertado a esta pregunta, tuve la oportunidad de predicar en un culto religioso, presidido por un amigo, el obispo George McKinney de la Iglesia de Dios en Cristo. Era evidente que él sabía algo acerca del aseo espiritual y de la vida diaria de los fieles.

El obispo McKinney pedía a dos ancianos que se colocaran de pie al frente del santuario. Uno sostenía un canasto para que los fieles pudieran acercarse y depositar sus peticiones de oración escritas. El otro anciano custodiaba un bote de basura. Se invitaba a los fieles a echar sus pecados: ya fuera una confesión escrita de sus actitudes y acciones, o los implementos propiamente dichos del mal de los que deseaban desprenderse. Frecuentemente, el bote contenía jeringas, pastillas, marihuana, objetos robados y, una vez, me dijo el obispo, una pistola de caño recortado.

La mayoría de nosotros somos demasiado sutiles o cautelosos como para adoptar los métodos del obispo. Quizás no tomamos demasiado en serio la carga espiritual que trae la gente al santuario los domingos y, por desgracia, permitimos con demasiada frecuencia que se vayan cargando ese mismo bagaje.

¿Qué tenemos que hacer con la "suciedad" que trae la gente a la iglesia? Como predicador, mi primer instinto es preguntarme qué podrían hacer mis sermones para una persona semejante. Pero un día se me ocurrió que el "aseo" no reside necesariamente en el sermón (a pesar de que es importante), sino que probablemente se lleva a cabo en las ocasiones que frecuentemente desatendía: las oraciones.

Tardé algún tiempo en reconocer el valor de las oraciones ofrecidas durante el culto, quizás porque la gente rápidamente hacía comentarios sobre mi sermón y sólo en raras ocasiones mencionaba las oraciones. Pero a medida que comencé a conocer a la gente con más profundidad, me di cuenta de que lo que ellos anhelaban (aunque a veces no podían expresar) no era mi enseñanza sino que yo orara fervientemente por ellos, para ayudarlos a levantar sus pesadas cargas. Todas las semanas, venían cansados, enlodados y ensangrentados. Quizás lo más refrescante que yo podía hacer por ellos era ofrecerles una sincera oración.

Me di cuenta de que nunca me habían enseñado, ni formalmente ni mediante ejemplos, a orar eficazmente durante el culto. Con demasiada frecuencia, mis oraciones públicas eran apenas algo más que una cadena de frases religiosas. Eran extemporáneas pero, con el tiempo, desarrollaron un carácter ritualista propio. Las personas que siempre concurrían casi podían predecir lo que yo iba a decir. Dolorosamente, me di cuenta de que casi nadie escuchaba las oraciones durante el culto. Dejaban que su mente divagara, y solo volvían a prestar atención cuando escuchaban "y pedimos todo esto en el nombre de aquel..."

¿Cómo llegué a esa conclusión? ¿Me atrevo a admitir que fue por mi propia experiencia? Yo mismo tenía que hacer un esfuerzo por concentrarme para escuchar las oraciones. Era aterrador pensar en la probabilidad de que ocasionalmente hubiera un millar de personas mientras alguien oraba en voz alta, y que nadie participara de ninguna de las palabras que se habían dicho.

Quizás ésta sea una de las razones por las que en las congregaciones no litúrgicas veamos un interés cada vez mayor en las oraciones escritas. Las que supuestamente se expresan "con el corazón" parecen tener poca reflexión (y por lo tanto contenido) del corazón. Sin embargo, aun mis amigos de las iglesias litúrgicas admiten que las oraciones bien construidas no evitan que ellos o sus congregaciones aborden la oración pública de forma mecánica.

Esa es la razón por la que decidí plantear algunas preguntas difíciles sobre el significado y lugar de las diversas oraciones en el culto religioso. Deseaba estar seguro de que cada vez que nos dirigiéramos al Dios todopoderoso, lo hiciéramos con la intención y el contenido que corresponde.

En la adoración, descubrí que hay por lo menos seis clases de oraciones que se pueden ofrecer en nombre de la congregación. El líder ignorante puede confundir las seis, mezclar sus propósitos y tamizar la eficacia de ese "aseo" que mi amigo vino a recibir en la iglesia.

La invocación

La primera oración de adoración, que generalmente se llama invocación, tiene un solo propósito: invitar y luego reconocer la presencia de Dios entre los fieles allí reunidos. El invocar es solicitar la accesibilidad de Dios a las palabras y pensamientos de la gente. Es una oración que aparta ese momento como especial, un tiempo santo como ningún otro durante la semana. Está por comenzar una actividad santa: la adoración, que es el acontecimiento más importante de la humanidad.

La invocación no es una oración por la gente ni los problemas de la época presente, ni es tampoco un ensayo del conocimiento teológico del que está orando. Más bien, es admitir con humildad que los que están reunidos elevan sus ojos al cielo con agradecimiento, solicitando la presencia de Dios para lo que está a punto de decirse o hacerse.

Mis amigos de las iglesias litúrgicas dicen todo esto en una forma concisa: "En el nombre del Padre, del Hijo y del Espíritu Santo. Amén". Aunque utilizo unas pocas palabras más, nuestras invocaciones se concentran en lo mismo:

Nuestro Padre, pedimos tu presencia mediante el amor de Jesucristo. Al terminar la semana de trabajo, de estudio, de juego, estamos aquí para adorarte, guiados por el Espíritu Santo. Nos hemos reunido para expresar nuestro aprecio por la manera en que tú nos has guiado con seguridad y amor...

La oración del pastor

Otra oración del culto religioso, quizás la que más purifica, es la que solemos denominar la oración del pastor. En mis cargos como pastor llegó a ser la única oración de adoración que siempre me negué a delegar, a menos que no estuviera presente en el servicio.

Considero que la oración del pastor está a la par de su sermón. Si el sermón es la oportunidad del pastor de presentar la Palabra de Dios a la gente, la oración del pastor es la oportunidad de presentar la gente a Dios. Es algo similar a esas ocasiones en las que Moisés intercedió por el pueblo de Israel. Y es la oportunidad de la congregación (y pienso que el privilegio) de escuchar al pastor orar por ellos.

Como pastor, con frecuencia invitaba a mi congregación a ponerse de rodillas conmigo para esa oración. Hacía que el arrodillarse fuera una opción, ya que reconocía que había personas que tenían dificultad para arrodillarse en una iglesia sin reclinatorios. Yo mismo me arrodillaba sobre una sola rodilla y guiaba a la congregación desde esa postura.

Ya sea de rodillas o de pie, pienso que es importante hacer esta oración lejos del púlpito. Por lo general, yo me arrodillaba al frente del pasillo central. Esa proximidad con la gente nos brindaba a todos un punto de contacto. Hacía que mi sensación de orar fuera más verdadera y creo que la gente sentía más profundamente que yo era uno de ellos.

La oración del pastor suele tener cuatro partes. En las liturgias tradicionales, algunas de las partes se pueden separar en oraciones propias.

Reconocimiento de Dios

La primera parte es reconocer a Dios mismo y su participación en nuestra vida personal y congregacional. Necesitamos que se nos recuerde quién es Dios: sus atributos y acciones. Es un momento de reafirmar la majestad de Dios, recordar la pequeñez de nuestro mundo en contraste con su infinita morada.

Toda la semana nuestro mundo parece agrandarse cada vez más, mientras busca intimidar, dominar y explotar. Sería fácil para mi amigo periodista llegar al culto con la tácita noción de que la realidad es corrupta y poco fiable. Él, como los demás, necesita que le recuerden que existe otra realidad, que Dios no está mancillado por las maquinaciones de una raza pecaminosa.

Por lo tanto, la oración del pastor tiene que centrarse en por lo menos un aspecto de Dios y nuestra respuesta a él. La majestad, santidad, piedad y poder son algunos pocos ejemplos.

Señor, en un mundo que reparte cantidades más que abundantes de asperezas, tu piedad es una realidad especial para nosotros. Tú no nos tratas de acuerdo a lo que merecemos, sino de acuerdo a lo que necesitamos. Nos das dones y capacidades para disfrutar el mundo que has creado. Nos das la habilidad de amar y recibir amor, de poder perdonar y olvidar. Y, sobre todas las cosas, nos das a tu Hijo, Jesucristo. Tú eres un Dios piadoso, nuestro Padre y nosotros te amamos.

Confesión y perdón

En contraste a dicha afirmación, la segunda parte de la oración del pastor es generalmente la clara confesión de que somos pecadores, de que nuestra semana pasada ha estado marcada por actitudes y acciones que entristecen a nuestro Padre celestial. Esta confesión concluye con una afirmación del perdón de Dios para todos los que son humildes y de espíritu contrito.

No es casualidad que Isaías sintiera la necesidad inmediata de confesar su pecaminosidad al minuto en que vio la gloria de Dios en el templo (Isaías 6). Existe un vínculo inquebrantable entre las dos experiencias. Nosotros ayudamos a la gente al darles la oportunidad de confrontarse francamente con su pecado y de resolver el asunto con Dios.

Esta es una parte especial y muy conmovedora del culto. Como pastor, le hablo a Dios en nombre de mi amigo el reportero, y lo llevo, a él y a los demás, a la presencia de Dios, con la comprensión de que estamos contaminados por el pecado del mundo. Juntos necesitamos limpieza;

necesitamos saber que, una vez más, estamos limpios. Para mí, este momento es tanto tierno como emocionante. En la iglesia del obispo McKinney, después de que la gente había tenido la oportunidad de arrepentirse y recibir perdón, el coro entonaba una animada canción soul: "Jesús escuchó mi oración, y todo está bien". Esta parte de la oración del pastor no es algo que debamos pasar por alto a la ligera. Admite nuestra inclinación hacia la rebeldía y la importancia de la cruz para volver a alinear al creyente con el Padre. Si se contempla correctamente, este puede ser un momento de liberación, de corrección de cuentas, para muchos de los que han llegado agobiados por la culpa y la vergüenza de sus fracasos en horas previas.

¿Quién de nosotros aquí, Padre, no admitiría rápidamente que te hemos defraudado en muchas ocasiones esta última semana? Los pensamientos y actitudes que hemos alimentado con frecuencia son cosas que lamentamos. Nos arrepentimos de ellos. Algunos de nosotros podríamos admitir rápidamente hechos que hemos llevado a cabo o no, que nos llenan de vergüenza. Algunos de nosotros hemos venido aquí hoy, Señor, cargados de resentimiento y celos que nos avergonzaría que los demás supieran. Te los confesamos, Padre. Necesitamos liberación de nuestros pecados. Gracias por escuchar nuestras confesiones personales.

Oración por nuestro mundo

El tercer aspecto de la oración del pastor mira hacia nuestro mundo de revoluciones, hambrunas, desastres, elecciones y logros: los macro acontecimientos de los que la gente se entera durante la semana. De algún modo, mi oración tiene que poner esas cosas en una perspectiva eterna y modelar cómo orar a la luz de dichos acontecimientos. Todos nosotros necesitamos recordar regularmente que el Padre se preocupa por cada acontecimiento mundial y, por lo tanto, sus hijos tienen que preocuparse también. No orar por esos asuntos es aducir, mediante nuestro silencio, que lo que ocurre en el santuario no tiene relevancia alguna para los asuntos que ocurren durante los otros seis días de la semana. Como pastor, cuando voy camino a la iglesia los domingos a la mañana, pienso que es importante escuchar las últimas noticias para estar seguro de que mi oración está al día.

Una parte de nuestro mundo sufre hoy, Señor. Hombres y mujeres que piensan y sienten lo mismo que nosotros carecen de hogares, de alimentos, y no poseen nada para asegurar el bienestar de sus hijos. Padre, muchos lloran hoy por la pérdida de un ser querido en un trágico accidente. Los presidentes y primeros ministros participan hoy en conversaciones, Señor. Desesperadamente necesitan sabiduría...

Las necesidades de la gente

La última parte de la oración del pastor se centra en las necesidades de la misma gente. Rara vez he llegado a este punto de la oración sin recordar la historia que me relató Henri Nouwen, sobre el abad de un monasterio trapense que salía al encuentro de sus monjes, cuando ellos regresaban de los campos cada noche, sucios y cansados. Cuando se acercaban, el abad levantaba los brazos para recibirlos y clamaba: "¿Está alguno de ustedes en problemas?" Era un momento en que cada monje podía hacer una pausa, reflexionar si había algún problema en su corazón o en sus relaciones, y encontrar alivio en la piedad y gracia que Dios había prometido.

Por lo tanto, la oración del pastor es una oración para los que están en problemas y lo saben: para el empleado que teme perder su trabajo, para la persona que tiene una cita con su doctor y teme escuchar malas noticias, para los padres que crían hijos que no parecen apreciarlos, para la mujer soltera que se siente desesperadamente sola, para el adolescente que se preocupa de su sexualidad. El mencionar estas necesidades todas las semanas hace que la gente de la congregación sienta que se presentan sus necesidades individuales, aun cuando no se mencionen específicamente. Aquí, elevamos nuestros brazos para los que están en problemas. Si hablamos con ternura, esperanza y autenticidad (con palabras *reales* que describen situaciones *reales*), y con urgencia, la gente sabrá que han sido purificados espiritualmente.

Padre, algunos vinimos con un profundo dolor: el dolor del cuerpo, el dolor de las relaciones heridas, el dolor del miedo puro y despiadado.

Padre, algunos realmente necesitamos ayuda y aliento...

Los pastores sabios también interceden por los diversos ministerios de la congregación, no por todos a la vez, por supuesto, sino quizás uno por semana.

A menudo, la oración del pastor puede concluir con una canción entonada por la congregación. Algunos de los momentos que recuerdo más asiduamente son aquellos en los que cantábamos el Padre Nuestro sin instrumentos. El sentido de estar todos fuertemente unidos ante al trono de Dios permanecía en mi memoria durante muchos días.

En congregaciones más pequeñas, se puede compartir partes de la oración del pastor con la congregación, en lo que suele denominarse "oración coloquial".

Cuando nuestro santuario era más pequeño, de vez en cuando yo invitaba a los fieles a ponerse de pie y que leyeran un versículo de las Escrituras (cuidadosamente lo limitaba a uno solo) que exaltara al Dios viviente. Se generaba, con frecuencia, un hermoso mosaico de versículos que dirigían nuestros pensamientos a los muchos aspectos del ser de Dios y sus propósitos.

Igualmente memorables eran las invitaciones a los fieles a ponerse de pie y pronunciar una frase de alabanza al Señor. Me di cuenta de que era importante dar instrucciones específicas antes del comienzo, para eludir a las personas que pudieran tratar de dominar la situación. Por otro lado, se alentaba a participar a los que no estaban acostumbrados a la oración pública, ya que el requisito era de solamente una oración.

Dedicación de las ofrendas

Por lo general, una tercera oración del culto se hace antes o después de la ofrenda. Hace poco tiempo, estuve sentado en una congregación en la que los ujieres, un número igual de hombres y mujeres, recibieron la ofrenda. Después, los ujieres se dirigieron al frente y levantaron los platos por encima de la cabeza para ofrecerlos al Padre. Cantamos la doxología y luego, alguien que entendía que el dinero que estaba en los platos simbolizaba nuestro trabajo de la semana, nos dirigió en oración. Fue un momento conmovedor.

¿Qué hacía esta oración? Le estaba dando significado y valor a nuestro trabajo. Estábamos diciendo: "Te ofrecemos, Padre, los primeros frutos de nuestra labor". El pastor que oró utilizó palabras que nos indicaron que estaba consciente de que habíamos trabajado con esfuerzo, que los dólares en el plato no habían sido fáciles de obtener, que darlos era un acto de obediencia alegre. Me impresionó que el pastor que había dedicado nuestras ofrendas las hubiera tomado en serio, no como los ingresos para el presupuesto de la iglesia, ni como un programa de benevolencia, sino como el fruto de nuestro trabajo.

Algunos de los que estamos aquí, Padre, estamos cansados y lastimados porque hemos tenido una semana difícil de trabajo. Pero hemos hecho lo mejor posible en empleos que a veces son apasionantes, a veces aburridos. Hemos traído con alegría la evidencia de nuestra labor, y hoy te presentamos una porción de lo que tú has hecho posible que ganemos.

La oración de iluminación y sumisión

No podemos apreciar plenamente las Escrituras sin la obra de iluminación del Espíritu Santo que escudriña el corazón, aplica la verdad y redarguye a la gente. Por lo tanto, otra posible oración en el culto es la oración de sumisión a la Palabra de Dios.

En algunos servicios litúrgicos, es común que la congregación entone un himno antes del sermón. Mientras están cantando, el predicador se arrodilla y ora por él mismo. Al consagrarse él a la obra del Espíritu, la congregación se da cuenta de que el predicador está bajo responsabilidad divina y que lo que están por escuchar es la Palabra viva de Dios para ellos.

Ese mismo predicador puede llamar a la congregación a prestar atención en oración cuando abre las Escrituras. En ese breve momento, todos se encomiendan a la obra del Espíritu Santo y su desafío es escuchar en sumisión a las Escrituras.

Señor, ha llegado el momento en que hemos de abrir las Escrituras para escuchar tu voz, que nos llega mediante la obra de inspiración del Espíritu Santo. Danos la habilidad de escuchar lo que es importante y de incorporarlo a nuestra experiencia. Nos sometemos a tu discernimiento y guía...

La oración de decisión

Suponiendo que el sermón conecte la Palabra de Dios con la vida del creyente, es apropiado que el líder del culto finalice el sermón con una oración reflexiva, que llama al oyente a un punto de clausura. Esta oración no tendría que ser un repaso de los puntos más importantes del sermón, sino una petición para que la Palabra de Dios tenga claridad para cada creyente, y que él o ella la puedan aplicarla a su vida.

Todos nosotros —comenzando por mí mismo— estamos asombrados de la riqueza de estas verdades, Padre. Nos convocan a algo más elevado y más poderoso de lo que jamás hubiéramos imaginado. Necesitamos hacer algo con lo que tú nos has dicho hoy. Ayúdanos a descubrir qué podría ser...

La bendición

Algunas veces se le llama la *adscripción*. La bendición es la oración de cierre de la mayoría de los cultos. Muy a menudo, simplemente es la señal de que el servicio está casi terminado y la gente utiliza este tiempo para guardar los himnarios, tomar sus abrigos o, incluso, comenzar a caminar hacia el estacionamiento.

No estamos simplemente concluyendo el servicio con una oración. Más bien, ofrecemos una afirmación final de bendición sobre nuestra gente y le damos gracias a Dios por haber estado presente.

Esta oración tendría que ser breve. No hay necesidad de enumerar los eventos de la mañana: este es un simple reconocimiento de la fidelidad de Dios y la declaración de su bendición, así como la hacen las bendiciones bíblicas tradicionales. Existen pocas cosas tan conmovedoras como un pastor que eleva los brazos para bendecir a la gente y que ora para que Dios los acompañe en sus trayectos. Es la palabra final a los hijos de Dios cuando reingresan al mundo. Tendría que ser alentadora, tierna, firme, y que les recuerde que se van con la mano protectora del Padre y Pastor.

Padre, al alejarnos de este lugar, te pedimos tu bendición. Hemos hecho todo lo posible para decirte que te amamos, que estamos agradecidos por tus bondades, que deseamos conocerte mejor. Regresamos a nuestros hogares y lugares de trabajo con confianza en tu cuidado y guía. Nuestra expectativa es que nos ayudes a aprovechar las horas que tenemos por delante, para avanzar la obra de tu reino.

Lo que quiere decir mi amigo el periodista cuando dice que necesita un aseo espiritual, es que necesita a alguien que sepa cómo orar por él, especialmente cuando siente que no puede orar por él mismo. En las oraciones colectivas durante el culto, los ministros tienen la oportunidad de brindar una sensación de limpieza. Pero lleva tiempo planificar y considerar detenidamente esas oraciones, y estar seguro de que cada una contiene lo que la congregación y Dios tendrían que escuchar de boca del ministro, el intercesor. Quizás entonces mi amigo periodista pueda regresar a su trabajo periodístico el lunes, listo para embarcarse en la vida de este mundo con una pizca de poder del reino.

Padre Santo, te pido que los que somos pastores y directores espirituales podamos llegar a tener un aprecio cada vez mayor por el inmenso privilegio de traer a tu presencia a tu pueblo. Danos el discernimiento que nos ayude a entender sus necesidades. Danos la fe que nos haga tener confianza en el poder de la intercesión. Danos una visión de ti y de tu majestad, y de nosotros y nuestro quebrantamiento, que haga que nuestras oraciones por la gente tengan realidad y poder. Lo pedimos en el nombre de Jesús. Amén.

PARA REFLEXIÓN ADICIONAL

1. ¿Cómo describiría la calidad de las oraciones que se oran públicamente en su congregación? ¿Y la respuesta de los oyentes?

2. Elija una o dos de las clases de oraciones mencionadas y trate de componer una oración en sus propias palabras, que usted pueda compartir con su congregación.

3. Durante el culto del domingo y a lo largo de la semana, ¿con qué frecuencia ora usted específicamente por las necesidades de los que guía?

13

LA LLAMADA TELEFÓNICA DE LAS 3 DE LA MAÑANA

Les daré pastores que cumplan mi voluntad, para que los guíen con sabiduría y entendimiento.

JEREMÍAS 3.15

¿Recuerdan ese anuncio político en el que suena el teléfono de la Casa Blanca a las 3 de la mañana y alguien tiene que contestar? Conozco la experiencia. Bueno, algo por el estilo.

Mi llamada de teléfono llegó hacia el final de la tarde. El que llamaba, un asistente de la iglesia que sólo conocía de pasada, me dijo que estaba en el hospital. Su esposa, Josie, se estaba muriendo de cáncer y no creían que pasaría esa noche. ¿Podría ir enseguida?

A pesar de que recibí esa llamada hace muchos años, todavía siento vergüenza cuando me acuerdo que lo primero que pensé fue algo así como: *¿Dónde está la persona encargada del cuidado pastoral? Yo no voy a hospitales. Yo soy el que predico, que lidero, que comparto visiones. Ah, y yo soy el que siempre le dice a la gente (desde el púlpito) que los quiero y que me preocupo por ellos.*

El hombre que me llamó me dijo que su esposa estaba aterrorizada. A pesar de los calmantes que le habían suministrado, su comportamiento era violento y apenas la podían controlar. "Quizás le pueda decir algo que la ayude a relajarse y dormirse", me dijo.

El hospital quedaba a veinte minutos de mi casa. Cuando llegué, me salió al encuentro una amiga de la familia que me acompañó hasta la habitación. Por el camino, me contó que Josie se estaba revolcando de miedo. De vez en cuando, gritaba. Nadie, me dijo la amiga, sabía qué hacer. Ni los doctores ni las enfermeras parecían capaces de ayudarla.

Respiré hondamente y entré en la habitación. Quizás había ocho personas alrededor de la cama: uno o dos doctores, las enfermeras, el esposo de Josie y una hija. Luego vi a Josie en la cama.

—Josie! —le dije mientras me acercaba. Pronuncié su nombre con firmeza, como para establecer mi presencia con alguna autoridad.

—¡Pastor Mac! —respondió. El círculo se rompió mientras todos dieron un paso atrás para dejarme pasar.

Honestamente, no estaba seguro de qué era lo apropiado para ese momento. Es raro cuando hasta los doctores confieren su espacio junto a la cama. Lo único que recuerdo es que algo en mí me dijo: "¡Hazte cargo, sé un pastor!".

—Josie —le dije—, éste es un momento terrible para ti, ¿no es verdad? Debes estar muy asustada.

—Sí, pastor Mac —respondió Josie, con los ojos puestos en su esposo y su hija—. No sé qué hacer. No los puedo dejar. Tengo que mejorarme.

Luego repitió: —No sé qué hacer.

Lo que realmente quería hacer era sentarse y bajarse de la cama. Me di cuenta de que se estaba agitando otra vez, así que coloqué mis manos sobre sus hombros y lo más suavemente posible, la empujé contra la almohada. Recuerdo el poderoso silencio en la habitación mientras todos miraban lo que yo estaba haciendo. Nadie objetaba mis acciones. Probablemente pensaban que yo sabía lo que estaba haciendo.

Se me ocurrió una idea. Me incliné más para que los ojos de Josie se fijaran en mi rostro.

—Josie, escúchame. Mírame a los ojos. Tengo un pensamiento para ti.

—¿Sí, pastor Mac?

—Deseo que escuches unas palabras de Dios. ¡Solo escucha! ¿Está bien?

—Está bien.

Y comencé: "El Señor es mi pastor, nada me falta". Recité el Salmo 23 lenta y deliberadamente, pronunciando cada palabra con cuidado.

Luego:

—¿Me escuchaste, Josie? "Yo", o sea tú, Josie, "tengo... todo... lo que... yo... necesito".

—Sí, pastor Mac. Lo escuché.

Luego repitió: "Yo tengo todo lo que necesito".

Proseguí: "En verdes pastos me hace descansar. Junto a tranquilas aguas me conduce; me infunde nuevas fuerzas".

Simplifiqué un poco el salmo y repetí las palabras: "Dios... me... hace... descansar... Dios me da agua fresca... Dios le da fuerza a mi corazón...".

—¿Escuchaste eso, Josie?

—Escuché, pastor Mac.

Me miraba fijo a los ojos y prestó atención a cada palabra. Al sentir que sus hombros se relajaban un poco, continué recitando el salmo, le hablé sobre las sendas de justicia, los valles tenebrosos donde Dios está presente, la vara del pastor, el banquete y el aceite perfumado que sana y protege. Por último, llegué a los últimos renglones y los expandí un poco: "En la casa del Señor habitaré para siempre... y siempre... y siempre".

Lo más claramente posible, le dije:

—Josie, tú estás en esas palabras. Hablan de ti. Tú eres la que estás al cuidado de Dios. Tú has sido una maravillosa esposa y madre. Has sido una buena amiga. Y ahora ha llegado el momento de ir a vivir en la casa de Dios para siempre, siempre, siempre. Algún día, nos uniremos a ti. Cada uno de nosotros —y nombré al esposo y la hija de Josie—. Ellos estarán allí contigo.

—¿Está seguro?

—Estoy seguro —le dije—. Y deseo que sepas que todos aquí te amamos y damos gracias por ti. Ahora quiero que descanses y que permitas que Dios te lleve a donde él quiere. Josie, no tengas miedo.

—Pastor Mac, ¿está seguro de que está bien que me vaya?

—Sí, estoy seguro, Josie.

Entonces Josie hizo algo que nunca olvidaré. Quitó sus ojos de mí y le habló a su esposo: "Gracias por ser tan buen esposo". Y a su hija: "Te amo, estoy tan orgullosa de ser tu mamá". Y luego al personal médico: "Gracias por cuidarme tan bien". Después de unas breves palabras a cada uno de sus amigos presentes, ella me agradeció a mí. Luego Josie cerró los ojos, se hundió en un sueño apacible y, cerca de una hora después, se fue de nuestra presencia.

Un ministerio de conexión divina

He sido pastor por más de cincuenta años. Cuando trato de caracterizar la naturaleza de mi trabajo, la historia resume la principal tarea del pastor. Llámela función sacerdotal o pastoral, todo es lo mismo: ayudar a que la gente se conecte con Dios.

El esposo desesperado necesita que alguien le dé fuerza espiritual en uno de los peores momentos de su vida. El personal médico que ha agotado todos sus recursos necesita que alguien le hable al corazón del paciente. Una mujer atemorizada y confundida necesita que alguien le ofrezca una palabra de guía de parte de Dios. Ese día, yo recibí la gracia de ser la persona que pudo hacer todo eso.

Conozco el salmo que le comuniqué al corazón de Josie desde que tengo cinco años, cuando lo aprendí de memoria porque mi abuela me sobornó con un billete de un dólar, que era mucho dinero en ese entonces, para que lo recitara sin un solo error. Lo pude lograr en menos de una hora.

Como adulto, el Salmo 23 me ha servido como una especie de tranquilizante cuando estoy preocupado y no puedo dormir. Una y otra vez lo recito en mi mente, hasta que la sensación de seguir a Jesús el Pastor por senderos seguros hacia verdes pastos y frescas aguas vence mi turbulencia interior.

El salmo me ha servido de otra manera, cuando después de muchos años en el ministerio, comencé a cansarme del liderazgo de la iglesia. A medida que la congregación aumentaba, mi trabajo cambió y dejé de ser un pastor que conocía algo de casi todos mis feligreses para pasar a ser un Director Ejecutivo. Anteriormente conversaba con la gente; ahora manejaba una organización. Me sentía culpable de ya no poder decir como Jesús: "Yo soy el buen pastor; conozco a mis ovejas y mis ovejas me conocen a mí". A decir verdad, no conocía a la mayoría de mis fieles, y ellos tampoco me conocían a mí.

Un día, al citar a solas el Salmo 23, me asaltó la idea de que el salmo era en realidad la descripción del trabajo de un pastor o clérigo. ¿Cómo es que no lo había visto antes?

La erudición tradicional le atribuye este salmo a David, que conocía íntimamente a las ovejas y el pastoreo. Otro salmista, meditando en el trayecto de David, escribió: "Escogió [Dios] a su siervo David, al que sacó de los apriscos de las ovejas, y lo quitó de andar arreando los rebaños para que fuera el pastor de Jacob, su pueblo... Y David los pastoreó con corazón sincero; con mano experta los dirigió" (Salmo 78.70-72).

Durante sus años de aprendiz en el campo, ¿cuántas veces se dio cuenta David de que su rebaño estaba atemorizado cuando presentía algún peligro? ¿Cuántas veces consideró necesario guiarlo por los valles peligrosos hacia pastos más verdes y aguas más frescas? ¿Cuántas veces usó aceite para limpiar las heridas de las ovejas o protegerlas de la molestia de los insectos? ¿Cuán a menudo rescató alguna oveja indefensa de una situación precaria?

No es de extrañar que cuando David intentó más adelante describir la naturaleza de Dios, utilizó una imagen que le resultaba muy familiar. *Dios es como un pastor.* ¿Cuál es la implicación? Si somos parte del rebaño de Dios, tenemos todo lo que necesitamos.

Un trabajo sucio

En la era moderna, tendemos a rodear a los pastores de glamour. Los imaginamos vestidos con ropa limpia, que cargan lindas ovejitas sobre los hombros. ¡Tengan cuidado!

El hecho es que los pastores de antaño (no puedo hablar por ellos ahora) se encontraban generalmente en los niveles más bajos de la sociedad. Casi nunca eran los dueños de las ovejas que pastoreaban. Más bien, eran como empleados "temporales" que cuidaban ovejas en el campo, en beneficio de sus dueños que probablemente vivían en la vecindad. Seamos francos: en las épocas bíblicas, a la mayoría de los pastores no se les valoraba.

Cuando Moisés huyó de Egipto, el único empleo que pudo conseguir fue el de pastor. Durante cuarenta años, cuidó los rebaños de su suegro Jetro. El sutil mensaje bíblico es: Mira cuán bajo ha caído Moisés, de un palacio egipcio a cuidador de ovejas. Esto suscita una pregunta: ¿Qué le ocasiona a un hombre el pastorear ovejas? Moisés, David y otros obtuvieron su título de posgrado en liderazgo en el negocio del pastoreo.

Es interesante que los ángeles escogieron a pastores como su audiencia para el recital de Navidad en los cielos cerca de Belén. Los pastores figuran como los primeros adoradores en la escena del pesebre. ¿Por qué?

Más tarde, Jesús se compara con un pastor. ¿Por qué no con un general militar, o un dueño de empresas o un supremo sacerdote de Jerusalén? Claramente, Jesús se sentía más atraído a la idea de ovejas que confiaban en su pastor y lo seguían con obediencia.

Jesús contó la historia de un pastor que, arriesgando su propia vida, fue en búsqueda de la oveja perdida. ¿Era este realmente un buen negocio? ¿O era una historia exagerada para enfatizar que la oveja (o persona) tenía un valor equivalente a las otras noventa y nueve que permanecían en el rebaño?

Pablo les sugiere a los líderes de la iglesia en Éfeso que aprendan sobre el liderazgo de la iglesia de los pastores. "Tengan cuidado de sí mismos y de todo el rebaño... para pastorear la iglesia de Dios... después de mi partida entrarán en medio de ustedes lobos feroces que procurarán acabar con el rebaño" (Hechos 20.28-29).

De acuerdo con la noción de que la mayor parte de los pastores no eran los propietarios de las ovejas, sino que eran los que las cuidaban, Pablo les recuerda a los líderes efesios que su "rebaño" le pertenecía realmente a Dios y que ellos eran los encargados de garantizar la integridad de la iglesia.

De regreso al Salmo 23. Si este salmo es algo así como la descripción de trabajo de los líderes pastorales, hay que meditar un poco en ello.

Una descripción del trabajo pastoral

Para comenzar, el salmo sugiere que el pastor, así como lo haría una madre, se asegura de que sus ovejas tienen todo lo que necesitan para permanecer sanas: agua, pasto y un lugar seguro para descansar. Estas son las preocupaciones típicas de la persona encargada de la crianza de las ovejas y responsable de su bienestar.

Luego, el salmo ofrece otra perspectiva del liderazgo. El mismo pastor que suministra el pasto y el agua lleva al rebaño por senderos que pueden ser peligrosos, incluso amenazantes, y valles donde depredadores están al acecho para matar a una oveja o dos. El pastor sabe cómo mantener a sus ovejas en calma y cómo mantener alejados a los lobos. Este es un verdadero pastor. *Esto*, parece decir David, *es lo que Dios es para mí.*

La palabra *pastor* se desarrolla de la noción de esa otra clase de pastor. Se asocia con el alimentar a las ovejas así como con la alimentación espiritual de la gente. De hecho, ofrece una nueva perspectiva de Jeremías 3.15: "Les daré pastores que cumplan mi voluntad, para que los guíen con sabiduría y entendimiento".

En el Nuevo Testamento, la palabra para las dos clases de *pastores* es la misma. ¿Desea pastorear una iglesia? Entonces usted es un pastor (a semejanza de Dios) y la gente que usted lidera son sus ovejas.

Yo argüiría que el pastor es el elemento más importante de cualquier grupo que insinúe ser una congregación. La descripción más clara de una iglesia se encuentra en las palabras de Jesús: "Pues donde se reúnen dos o tres en mi nombre, yo estoy allí entre ellos" (Mateo 18.20). Mi argumento es que entre esos "dos o tres" siempre habrá alguno al que Jesús le haya concedido el "don" de llevar a cabo el rol pastoral. ¿Quién es ella o él? ¿Qué hace?

Dicha persona, como pastor, tiene una tarea simple: la de reunir a la gente; asegurarse de que se refresque espiritualmente y de que esté preparada para andar por senderos peligrosos. Gran parte de esto lo lleva a cabo con su sola presencia, al custodiar del alma.

Conozca a su rebaño

Hace muchos años, Harry Emerson Fosdick escribió:

> *Yo no confío en el predicador que piensa que los sermones son el punto crucial de su funcionamiento. Las tentaciones del predicador popular —si eso es todo lo que es— son devastadoras. Lo aplauden sus seguidores, le acreditan un abandono cristiano que él no puede atribuirse, y muchos oyentes lo tientan a pensar que es mejor de lo que es... Que todo pastor que tenga tal experiencia corra con humildad de regreso a su casa y pida en oración ser librado de sus seducciones. Sólo la gracia de Dios lo puede librar —eso y una genuina preocupación por los demás, de modo que para él, como para Jesús, lo único que importe en medio de una multitud sea la oportunidad de ponerse vitalmente en contacto con algún individuo.*

Sería interesante preguntarle a alguien que conozca esta clase de cosas: ¿Cuál es el tamaño máximo de un rebaño que puede liderar un solo pastor? ¿En qué momento ese rebaño crece hasta llegar al punto que un solo pastor no lo puede liderar, alimentar y proteger?

Al principio de mi ministerio, la mayoría de los pastores lideraban rebaños de noventa a trescientas personas. La mayoría de los pastores no tenían asistentes, contestaban el teléfono y estaban bastante disponibles a todos, dentro y fuera de la iglesia. Su tarea era bastante parecida a la de un pastor.

Cuando pequeño, a menudo escuchaba que mi padre (un pastor) le decía a mi madre al marcharse de casa: "Voy a estar haciendo visitas hasta la hora de la cena". Ese era el 80 por ciento de su trabajo: hacer visitas. A hogares, a empresas, a personas internadas en hospitales. Las visitas constaban de lecturas bíblicas, oración, preguntas a fondo sobre la fe personal y un desafío. Los pastores conocían a su gente, y la gente conocía a su pastor. Como los pastores y sus ovejas.

Dicho sea de paso, yo no añoro esos días, créame. No nos pongamos románticos. Esos tiempos solían ser con frecuencia épocas de salarios reducidos, viviendas parroquiales y expectativas de parte del rebaño todo el día, todos los días del año.

Por otro lado, ¿presenta alguna mejora la situación actual en la mayoría de las congregaciones? ¿Qué podemos decir cuando la conexión más directa que puede tener la gente con su pastor es escuchar su sermón? ¿Existe acaso una relación personal con la gente que constituye el rebaño?

Recuerdo con frecuencia a una mujer de mi iglesia que a todos nos resultaba fácil ignorar. Siempre estaba deprimida y, a menudo, medicada. "Hola, Marilyn. ¿Cómo estás?" Y luego me dedicaba a otras cosas. Pero ella se paraba junto a mí y me decía: "Pastor Mac, usted me dice "Hola, Marilyn. ¿Cómo estás?" pero, en realidad, no quiere enterarse. No tiene tiempo de averiguar cómo r ealmente estoy".

Tenía razón. Me decía lo que probablemente muchos otros deseaban decir pero carecía de la "valentía" que suelen ofrecer los medicamentos. Las palabras de Marilyn todavía me acosan hoy.

Yo ya no creo que el título bíblico de pastor sea el adecuado, si alguien tarda tres semanas en conseguir una cita. No creo que la palabra bíblica para pastor sea la adecuada si alguien puede decir: "Lo he escuchado predicar durante tres años, pero nunca nos conocimos".

No estoy criticando a los pastores de las megaiglesias. Conozco y respeto a muchos de ellos. Yo he sido uno. Para serles franco, me gustaba mucho mi trabajo (aunque no todo) cuando estuve al frente de una congregación numerosa. Pero sospecho que podríamos ser mucho más honestos si aludiéramos al líder de una megaiglesia como un obispo o, llamémoslo por su verdadero nombre, un Director Ejecutivo, o presidente. Pero, y este es mi punto, reservemos el título de pastor para el hombre o mujer que se enfrenta cara a cara con la gente, sea cual sea su necesidad. Como en esa habitación de hospital.

El pastor no "pastorea" a su gente sólo con predicarles. La obra del pastor funciona mediante las relaciones personales, mediante la oración personal, mediante la enseñanza personal. Responde a preguntas, confronta cuando hay pecado y confirma cuando Dios está hablando. Toda la vida de un pastor se convierte en el modelo que sigue la gente.

Esta era la idea de Pablo cuando le escribió a Timoteo: "Que los creyentes vean en ti un ejemplo a seguir en la manera de hablar, en la conducta, y en amor, fe y pureza" (1 Timoteo 4.12). O más tarde, cuando escribió: "Sé diligente en estos asuntos; entrégate de lleno a ellos, de modo que todos puedan ver que estás progresando" (versículo 15).

Tenemos que tener cuidado de no pensar que hemos pastoreado mediante libros, DVD, sitios web y sermones. Pastorear —al estilo de los pastores de ovejas— implica un contacto cercano y personal. Exige que estemos dispuestos a contestar el teléfono.

Muchos años después de mi visita a Josie al hospital, invité a un cirujano a dar una charla en una clase de seminario que yo estaba enseñando. Entre otras cosas, dijo: "Cuando los doctores entramos a una habitación de hospital, llevamos una palabra sobre las posibilidades físicas, pero cuando ingresan ustedes, los pastores, en esa misma habitación, llevan una palabra de esperanza, una palabra de Dios".

Él describió perfectamente lo que yo había intentado hacer ese día. Y es a lo que nos puede llevar el contestar el teléfono.

PARA REFLEXIÓN ADICIONAL

1. En su experiencia, ¿ha conocido pastores que consideró ser verdaderos pastores? ¿Qué clase de impacto han tenido en su vida?

2. Piense en los momentos en que se esperaba que usted ofreciera palabras de consuelo a alguien. ¿Cómo se sintió en esa situación, y qué fue lo que dijo?

3. ¿Cuáles son los retos de pastorear una congregación numerosa? ¿Cuáles son los retos de pastorear una pequeña? ¿Cómo puede el líder de una congregación de cualquier tamaño desarrollar verdaderas conexiones personales con su "rebaño"?

14

CUANDO LAS COSAS SE PONEN FEAS

¡Ay! Se ha hecho mucho últimamente para promover la producción de cristianos empequeñecidos. Los creyentes pobres, enfermizos convierten a la iglesia en un hospital, en vez de un ejército. ¡Oh, qué daría por tener una iglesia fortalecida por la profunda piedad de la gente que conoce al Señor en su mismo corazón y que busca seguir al Cordero a donde él vaya!

CHARLES SPURGEON

Mi primer intento de pastorear una congregación fue durante la época del seminario, cuando un grupo de veinte familias, hacendados y agricultores que vivían en la frontera entre Kansas y Colorado, ofreció una vivienda parroquial y un pequeño salario si yo aceptaba ocupar su púlpito. Con entusiasmo, Gail y yo ingresamos a la cultura rural para servir a la gente. Nos enseñaron mucho y, a cambio, nosotros los amamos.

A los pocos meses, los diáconos convocaron una reunión para resolver un asunto de negocios. No puedo recordar cuál era el tema, pero recuerdo que esas personas que yo tanto apreciaba comenzaron a decirse cosas entre ellas que nos dejaron devastados a mí y a Gail. Nos sentimos como padres cuyos hijos se pelean en el asiento de atrás. Suena arrogante, pero no podíamos creer que esa gente que estaba bajo la influencia de nuestro ministerio pudiera actuar de esa manera tan desagradable.

Después de la reunión, una mujer se nos acercó a Gail y a mí y nos dijo: "Ahora saben cómo somos realmente. Y algún día, ustedes serán iguales a nosotros".

Gail respondió: "¡No! Nunca nos permitiremos ser así". Una afirmación atrevida, por cierto, pero éramos jóvenes y seguros de nosotros mismos.

Varias veces, durante mis años de ministerio, he visto la repetición del comportamiento de esa noche. Y cada vez, luché con la misma decepción.

Mi historia bíblica en tales momentos es Moisés, cuando al descender del monte Sinaí se encuentra con los hijos de Israel (mocosos sería una mejor palabra) bailando alrededor del becerro de oro, con huellas digitales de su hermano Aarón por todas partes.

En la cima de la montaña, Moisés había estado lo más cerca posible que se puede estar de Dios y, ahora, había vuelto a ingresar al mundo abajo (¿cuál es el "mundo real"?) donde la gente, por sí misma, no puede mantener ni siquiera unos pocos días de fidelidad.

Tenemos que admitir que, en el proceso del liderazgo, existen momentos de extremo desaliento y desilusión, cuando la gente que lideramos no consigue vivir de acuerdo con nuestras expectativas. Muchos de mis propios escritos tratan de los fracasos de los líderes (y, especialmente, de los míos). Pero hay un momento en que tenemos que preguntarnos: ¿Qué hace un líder cuando la gente fracasa?

En tales ocasiones, es sabio que el líder comience a contemplar cómo se las arreglaban los líderes de antaño. No me refiero sus métodos de organización ni de resolución de problemas. Me refiero a cómo resolvían el enojo, el desaliento o el espíritu de culpar a los demás que amenazaba su alma. Así es como Moisés se convirtió en mi hombre principal para los momentos de desaliento.

Cómo liderar a un grupo repulsivo

Cuando leemos las historias de Moisés y de Israel, tenemos que maravillarnos de la manera desafiante, quejosa y desagradecida en que se comportaron los hebreos y tenemos que preguntarnos por qué (o cómo) los soportó Moisés.

Conociéndome a mí mismo, yo habría tenido la tentación de renunciar y enviar mi *currículum vitae* a los amorreos, jebuseos u otros "eos" locales. ¿Alguien más necesita un libertador?

Lo que no había apreciado, hasta hace algún tiempo, es la importancia de Israel como una comunidad de ex esclavos, que poseía las actitudes y conductas propias de cuatrocientos años de opresión. A pesar de haber conocido la historia durante años, nunca se me había ocurrido que cuando se le niega a una generación tras otra sus derechos humanos esenciales y pierde su dignidad, la gente tiene una gran dificultad para tomar decisiones, para ser leal, para confiar en sus líderes, para tener esperanza en el futuro y, además, para vivir en armonía.

Yo solía preguntarme por qué Israel nunca le brindó a Moisés un reconocimiento adecuado por su liderazgo. Ningún banquete, ningún automóvil último modelo, ningún viaje a la Tierra Santa (lo digo en broma).

¿Cuándo se dio cuenta Moisés de qué clase de gente tenía a su cargo? ¿Fue acaso cuando intervino, a los cuarenta años, a favor de un hebreo y descubrió que nadie lo apreciaba? ¿Fue acaso cuando el faraón implementó la política de fabricar ladrillos sin paja y la gente culpó a Moisés, diciéndole: "¡Por culpa de ustedes somos unos apestados ante el faraón!" ¿Fue acaso cuando se quejaron de las aguas amargas? Si indagamos el corazón de Moisés, no encontraremos demasiado. Pienso que la mayor parte del tiempo parece haber manejado las cosas bastante bien.

Los líderes de hoy quizás tengan que pensar en lo que caracteriza a la gente que ingresa a la comunidad cristiana, después de una vida donde la falta de fe era absoluta. Esto es lo que tenemos que esperar que ocurra en los años venideros. Nuestra sociedad ya no es una sociedad cristianizada, donde la mayoría de la gente posee una comprensión básica de las normas y métodos bíblicos. Ya no se aplican las restricciones y disciplinas de una vida sólida en comunidad.

El resultado: las personas que vienen por primera vez a la iglesia trae muchas de las conductas y actitudes que poseía Israel. Les agrada mucho

Jesús, pero los deportes, las compras, el entretenimiento y el dinero les resultan también muy atractivos.

La espiritualidad superficial

Pienso que el día en que Moisés vio el becerro de oro fue cuando se preguntó *realmente* si habría un futuro.

Moisés había estado en la cima de la montaña durante mucho tiempo con Dios. Abajo, la gente había sucumbido, aparentemente, a sus problemas de abandono y habían convencido a Aarón de que los ayudara a construir un "dios" más visible para adorarlo. "Tienes que hacernos dioses que marchen al frente de nosotros, porque a ese Moisés que nos sacó de Egipto, ¡no sabemos qué pudo haberle pasado!" (Éxodo 32.1). ¡Con qué rapidez podemos olvidar a algunos líderes!

Construyeron con herramientas una imagen de oro, lo cual Aarón descartó más tarde, diciendo que el becerro simplemente había salido del fuego. Casi inmediatamente, los israelitas comenzaron a contemplar al ídolo como el "dios" que los había sacado de Egipto. Luego comenzó una orgía de rituales paganos. Parece que todo esto tardó sólo unos pocos días en concretarse.

¿Necesita un ejemplo de espiritualidad superficial? Aquí lo tiene. Y espiritualidad superficial es lo que Moisés vio cuando, junto con Josué, bajó de la montaña. Ambos vieron lo que estaba ocurriendo y no lo pudieron creer.

Curiosamente, Dios le había advertido a Moisés que algo semejante a esto estaba sucediendo, pero tuvo que verlo con sus propios ojos. Dios le había dicho: "Es un pueblo terco" (Éxodo 32.9). En la montaña, parece que Moisés tuvo que intervenir para que un Dios impaciente no impusiera un estilo severo de justicia.

Pero ahora que había visto lo que estaba ocurriendo, le llegó el turno a Moisés de ponerse hecho una furia. Hizo pedazos las tablas de piedra que había llevado de la montaña. Machacó el ídolo de oro hasta hacerlo polvo, lo mezcló con agua y se lo dio a beber a los israelitas. Un hombre bastante enojado, ese Moisés. ¿Nunca se ha visto tentado a emularlo?

Al finalizar la historia, vemos que Moisés intercede por la gente (¿ya se calmó?) y vemos que Dios lanza una plaga sobre el pueblo "por causa del becerro que había hecho Aarón" (v. 35).

La historia me recuerda lo mal que pueden ponerse las cosas en algunas situaciones de liderazgo. Otros pueden decir: "¡Mi historia es peor que esa!" ¿Yo? He conocido momentos en que la gente explotó espiritualmente, pero jamás he experimentado algo parecido a lo que experimentó Moisés. Sin embargo, me identifico con su desenfreno, furia y sensación de devastación. La mayoría de los líderes lo puede sentir.

Cómo escapar de la "tentación excesiva"

Los eruditos que he leído tienen dificultad en colocar las historias de esta sección del Éxodo en perfecta secuencia. Pero me resulta interesante que lo que leemos a continuación trata de la tienda que levanta Moisés, conocida como la "tabernáculo de reunión" (la misma tienda que se menciona en el capítulo de la fe extrema).

Este tabernáculo, dice el escritor, estaba situado "a cierta distancia fuera del campamento". Su propósito: ser un lugar donde la gente podía "consultar al Señor". Éxodo 33.7 sugiere que cualquiera podía acercarse a la tienda, pero sólo nos enteramos que Moisés lo hizo.

¿Por qué coloca el escritor la historia del tabernáculo justo después del incidente del becerro de oro? Quizás dice: "Esta es la manera en que Moisés mantenía su equilibrio en los momentos de tensión". Cuando todo se derrumba, cuando incluso su hermano Aarón traiciona la causa por un momento, Moisés tiene un lugar a donde acudir para fortalecerse en la presencia de Dios.

Esto me lleva a plantearme una pregunta: ¿Tiene la mayoría de los líderes algo similar al tabernáculo de Moisés? Permítame sugerirle que una oficina, desde donde trabaja la mayoría de los líderes, no sirve. Allí hay demasiadas distracciones.

Una de las mayores tentaciones del líder es dejarse absorber de tal manera por las fortunas de su organización o iglesia, que su percepción de la realidad comienza a verse controlada por lo que la gente hace o deja de hacer. Cuando el aplauso o la apatía de sus seguidores se convierte en la medida de su éxito y satisfacción, el líder pisa arenas movedizas.

Para Moisés, cuando las cosas se ponían feas, él se dirigía al tabernáculo para una revisión de la realidad. Parece haber sido un lugar tranquilo, separado de la política y los negocios, donde se podía escuchar a Dios aún cuando él susurrara. Cuando Moisés se dirigía al tabernáculo, todo el pueblo parecía darse cuenta de ello. Todas las personas, dice el texto, se quedaban de pie y adoraban en privado.

La descripción de Moisés al caminar hacia el tabernáculo y el pueblo de pie en adoración me trae un recuerdo de mi infancia, cuando mi padre, entonces pastor, se dirigía al altar del santuario los domingos por la mañana después de que la gente se había reunido.

Al llegar al frente, mi padre se arrodillaba cerca del púlpito y oraba en silencio. Todos nos dábamos el gusto de ver al pastor mientras él oraba de rodillas por su congregación. Esa experiencia semanal dejó una huella indeleble en mí. Me pregunto cuántas congregaciones ven a su líder orar, realmente interceder, por ellos.

De la misma manera, veo a Moisés que va rumbo al tabernáculo en los momentos difíciles. En este caso, la gente había fracasado. ¿Se preocupa él de que quizás no haya futuro? ¿Puede el incidente del becerro de oro haber puesto en peligro su sueño de convertirse en el pueblo de Dios? Quién sabe qué pensamientos se agitaban en su mente.

Éxodo 33 nos brinda una poderosa descripción de la clase de conversaciones que mantenían Moisés y Dios en el tabernáculo. Una vez más, debo admitir que no son más que simples conjeturas, pero estos relatos (la historia del becerro de oro y la conversación de la tienda) parecen estar uno junto al otro por alguna razón, y creo que es para mostrarnos lo que prevalecía en la mente de Moisés mientras lidiaba con dolor e ira por lo que Israel acababa de hacer.

En tabernáculos y propósitos

¿Qué busca Moisés cuando ingresa al tabernáculo? ¿Es acaso la garantía de que Dios no los va a abandonar? ¿La reafirmación de las promesas de

Dios? Sospecho que Moisés se sentía terriblemente débil y necesitaba saber de dónde provendría la energía para seguir adelante. Eso es lo que yo buscaría.

¿Qué es lo que piden los líderes en oración, cuando se dirigen a sus propias versiones del tabernáculo? ¿Qué tema estabiliza al líder que está desanimado en medio de la neblina de la guerra espiritual?

Leonard Ravenhill, un predicador del avivamiento de mediados del Siglo XX, escribió en un estilo algo poético:

> *Por más asolada que esté la iglesia hoy día en muchos aspectos, en donde más asolada está es en el lugar de la oración. Tenemos muchos que organizan, pero pocos que agonizan; muchos que juegan y pagan, pero pocos que oran; muchos que cantan, pero pocos que se aferran; muchos pastores, pero pocos luchadores; muchos miedos, pero pocas lágrimas; mucha moda, pero poca pasión; muchos que interfieren, pero pocos que interceden; muchos escritores, pero pocos peleadores. Si fracasamos aquí, fracasamos en todas partes.*

Si contemplamos los asuntos que plantea Moisés una vez que está dentro del tabernáculo, nos damos una idea de cómo hablaba con Dios. Esto lo encontramos en Éxodo 33.

La presencia

En la agenda de Moisés hay algo de la presencia santa. Comenta: "No me has dicho a quién enviarás conmigo... O vas con todos nosotros, o mejor no nos hagas salir de aquí" (Éxodo 33.12, 15). Bien o mal, Moisés se siente solo en su situación. Con la posible excepción del joven Josué, todos parecen haberse replegado.

Vale la pena recordar que Aarón (el propio hermano de Moisés, ¡santo cielo!) acababa de fallarle a Moisés (así como al pueblo y a Dios). Sus esfuerzos por guiar al pueblo inestable de Israel durante la ausencia de Moisés habían sido un desastre. ¿Cómo podía ser él una "presencia"?

¿Indica el comentario de Moisés en el tabernáculo, que se da cuenta cada vez más que cualquier empresa que sea sagrada necesita una sensación de presencia, mucho mayor que la que puede proporcionar un "simple hombre"?

"¿A quién enviarás conmigo?" pregunta Moisés. Y Dios le responde: "Yo mismo iré contigo y te daré descanso".

Me encantan estas palabras. Parecen asegurarle a Moisés que nunca tiene que sentir pánico; puede depender de la presencia del Dios todopoderoso, el rescatador.

Esta misma promesa se afirmaría una y otra vez a los líderes que Dios llama al servicio mucho después de Moisés: Yo estaré contigo. La presencia sagrada. Y se repite en la promesa de Jesús a los apóstoles: "estoy con ustedes siempre, hasta el fin de los tiempos" (Mateo 28.20 ntv).

Vale la pena reflexionar sobre algunas preguntas: ¿Qué se siente cuando experimentamos la presencia de Dios? ¿Cómo podemos distinguir dicha experiencia de todas las demás experiencias?

Dirección y propósito

El segundo punto en la agenda de Moisés en el tabernáculo tiene que ver con la dirección y el propósito. "Enséñame tus caminos", pide Moisés (Éxodo 33.13). Dicho en otras palabras: "¿Cuáles son tus intenciones para este pueblo y para mí?" Estas son las palabras de un líder que necesita que Dios le aclare sus propósitos a un nivel mucho más profundo que el de la planificación de presupuestos y programas.

"¡Esta nación es tu pueblo, no el mío!" le recuerda Moisés a Dios. Es casi como si le dijera: "Yo hice todo lo posible para este pueblo, y me resulta difícil encontrar algo digno de redención en ellos". Lo oigo decir: "Ellos son tu pueblo, Dios. Yo no los puedo manejar. Así que dime, ¿cuál es tu intención para todos nosotros?".

La súplica de Moisés de recibir más claridad me recuerda con qué frecuencia, cuando era un pastor joven, me sentí confundido por todas las invitaciones y publicidades de conferencias y seminarios que prometían convertir mi ministerio en una experiencia de alto octanaje, a nivel de avivamiento. Me parecía que todos tenían un programa para mi vida de liderazgo.

El Dr. Howard Hendricks vino a visitarme y le confesé mi desconcierto de no saber, con todas las opciones que tenía delante, cómo tenía que liderar nuestra iglesia. Sus palabras fueron instructivas y alentadoras: "Sea cual sea la dirección que elijas, no comienza con la lectura de las promesas de revistas o folletos, sino al establecer primero las cosas más importantes, de rodillas. Cultiva la habilidad de escuchar la voz de Dios en estos asuntos".

Tenía razón. Aun cuando las palabras de Hendricks no resolvieron todo el problema, describieron mi prioridad número uno, que ilustra Moisés. El líder debe permanecer de rodillas hasta que Dios hable. Y cuando uno es joven y está lleno de energía, esto es difícil.

En el caso de Moisés, Dios habló: "Está bien, haré lo que me pides pues cuentas con mi favor y te considero mi amigo" (Éxodo 33.17). Moisés consiguió lo que quería: la garantía de que si todo lo demás se derrumbaba, él, Moisés, permanecería en la mira del placer y seguridad de Dios. El que la gente responda mal no significa que Dios esté disgustado con el líder.

Gloria

Moisés también pide: "Muéstrame tu gloria". La gloria equivale al poder y, en este contexto, pienso que Moisés está buscando una mayor evaluación de la capacidad de Dios. ¿Acaso se ha olvidado ya de las poderosas iniciativas de Dios en los meses anteriores? Quizás no.

Pero Moisés, como nosotros, es humano y lo que le preocupa es el futuro. ¿Al alejarse cada vez más del lugar de los milagros originales ¿posee aún el Dios de Israel, el poder necesario para vencer a los dioses de las tribus y naciones con las que se van a enfrentar? ¿Puede el poder de Dios mantener a este rebaño de "gatos" llamado Israel? ¿Puede Dios lograr que Moisés siga adelante?

Esta cuestión del poder y su fuente todavía tiene valor para los líderes cristianos de hoy. ¿Pueden sentirse los líderes demasiado confiados en las nuevas estrategias del ministerio, en las tecnologías y en todo el despliegue que fluye hoy día? ¿Podemos llegar a un punto en el que nos sentimos hastiados de todo y perdemos lentamente nuestro interés en este asunto central del poder espiritual que proviene de Dios y sólo de Dios? En la aparente merma de la enseñanza de nuestra total dependencia del Espíritu Santo, ¿hay un crecimiento peligroso en la autoconfianza privada, que emerge de las modernas técnicas de administración, tecnología, carisma y fama ministerial?

Lo veo a Moisés que clama por una renovación de la confianza en la gloria y el poder de Dios; lo veo cuando se da cuenta de que está luchando. No está seguro de que esta visión de la Tierra Prometida vaya a funcionar, si no se vigoriza mediante la visión de la gloria de Dios. El desaliento de los últimos días ha sido tan devastador que Moisés prácticamente regresa al principio: a los días anteriores a la zarza ardiente.

Qué bondadoso es Dios al refrescarle pacientemente la memoria con una muestra aparente de poder. "Voy a darte pruebas de mi bondad, y te daré a conocer mi nombre. Y verás que tengo clemencia de quien quiero tenerla, y soy compasivo con quien quiero serlo" (Éxodo 33.19).

¿Qué significa esto? "Moisés, estos hebreos son un desastre. Pero mi misericordia y compasión comienzan con gente que es capaz de ser lo peor de lo peor. Eso, aparentemente, es Israel con toda su falta de fe. El poder de Dios no yace necesariamente en la capacidad de aplastar ejércitos y sus generales; comienza primero con un poder aún mayor: el poder de redimir a gente sin esperanza, que danza alrededor de becerros de oro (o alguna otra cosa) ni bien tiene la oportunidad de hacerlo".

Eso es lo que sucedió cuando Moisés fue al tabernáculo. Cuando salió de él, sabía tres cosas: Dios estaba con él, Dios tenía grandes propósitos y Dios era adecuado para la situación. Supongo que también se enteró nuevamente de que él era el hombre del momento.

Esta clase de cosas las aprendemos en esos "tabernáculos". Y eso ha servido para estabilizarme en casi todos los momentos de mi vida, en los que renunciar era la opción que más me atraía.

Leí la historia de Moisés la mañana después de que esa primera reunión de negocios de la iglesia terminó mal. Y la he leído muchas veces después. Nunca deja de hablarme.

Y se me ocurre entonces hacerles esta pregunta a cada lector que haya llegado hasta aquí: ¿Dónde está su tabernáculo? ¿Cuándo fue la última vez que entró a él?

PARA REFLEXIÓN ADICIONAL

1. ¿Cómo describe su "tabernáculo"? Cuando se siente atacado espiritualmente, ¿qué lo estabiliza?

2. En oración, ¿qué promesas le ha hecho Dios? ¿Qué le ha pedido usted específicamente y cómo ha respondido él a su pedido?

3. ¿Cómo definiría el poder de Dios y dónde lo ve en funcionamiento en el mundo de hoy? ¿Y en su mundo?

CÓMO DECIR LAS COSAS DIFÍCILES

Les escribí con gran tristeza y angustia de corazón, y con muchas lágrimas, no para entristecerlos, sino para darles a conocer la profundidad del amor que les tengo.

2 CORINTIOS 2.4

Uno de los primeros pastores de la iglesia de Éfeso, Timoteo, aparentemente no disfrutaba del lado difícil del ministerio. Y eso preocupó mucho a Pablo, su mentor, y explica gran parte del contenido de las dos cartas escritas a Timoteo del Nuevo Testamento.

Éfeso era una ciudad dura, y los cristianos efesios eran personas de gran dureza —muchos de los recién convertidos provenían de condiciones espirituales indescriptiblemente oscuras. Mi sospecha es que a Timoteo, Éfeso y sus cristianos le resultaron un poco más de lo que podía manejar y desear. Quizás esto explique la razón por la que Pablo comienza la correspondencia diciendo: "¡Quédate allí!"

Aparentemente, Timoteo era un joven amable y apacible: "No cuento con nadie como Timoteo", escribió Pablo a los filipenses, "quien se preocupa genuinamente por el bienestar de ustedes" (Filipenses 2.20 ntv). ¡Qué halago!

Pero parece que Timoteo tenía problemas con las cosas difíciles. Me refiero la clase de sermones y discipulado que expone la fe errática, las actitudes pecaminosas y la conducta impía. Lo difícil: apelar a la gente a que tenga una vida de sacrificio. Las cosas difíciles hacen que la gente se retuerza; a veces hacen que se enoje. Pero puede llevarla al arrepentimiento y al deseo de encontrar un mejor camino.

Parece que Timoteo también estaba un poco renuente en cuanto a las conversaciones pastorales personales. A pesar de que tenía talento para lograr que la gente expresara sus emociones, sus penas y sus luchas (y muchos pastores lo hacen muy bien), es posible que hubiera evitado los enfrentamientos necesarios para exponer el pecado y la conducta destructiva de la gente. Uno de los primeros mensajes severos en la Biblia es el de Dios a Caín: "El pecado está a la puerta, al acecho y ansioso por controlarte; pero tú debes dominarlo y ser su amo" (Génesis 4.7 ntv). Pablo desea escuchar más de esto en boca de Timoteo.

Si predicamos las cosas difíciles (tanto en la época de Timoteo como en la nuestra), corremos el riesgo de que la gente deje la iglesia, ¡o que el predicador deje la iglesia! Esto me hace acordar el dibujo animado en el que el predicador le dice a su esposa: "Les dije la verdad, y ellos me dejaron en libertad". Admito que al predicar las cosas difíciles, corremos el peligro de perder a nuestros amigos, de reducir las ofrendas, y la concurrencia.

Parece que Timoteo suavizaba en vez de endurecer sus palabras cuando tenía que hacerlo. Hay indicios de que se dejaba guiar por sus miedos, de que tenía problemas de estómago y de que cedía terreno rápidamente cuando lo desafiaban. Pablo, que conocía muy bien estos asuntos, le dice sin reparos: "Timoteo, ¡basta! ¡Crece de una buena vez! ¡Sé el "profeta" que Dios te ha llamado a ser! ¡No permitas que nadie te arrincone!"

La gente complaciente

Hay una trampa muy sutil para los que somos "buenos tipos". No nos gusta que nos lastimen, y no nos gusta lastimar a los demás. Amamos la unidad, la armonía y la felicidad en el cuerpo. Y caemos en la trampa de pensar que la mejor manera de lograrla es evitando las cosas difíciles.

Apuesto a que Timoteo se pasaba noches enteras sin dormir, pensando en los que criticaban su liderazgo o se oponían a sus esfuerzos.

Me imagino que trataba de conquistar de nuevo el favor de la gente. Y pienso que —aquí solo estoy adivinando— al preparar sus sermones, sentía la tentación de quitar algún remate si se daba cuenta de que cierto comentario podía ofender a gente clave de la congregación.

Al principio de mi ministerio, un presidente de junta que yo amaba y respetaba se impacientó conmigo. "Pastor", me dijo un día, "¡usted tiene un problema! Es demasiado sensible. No desea escuchar palabras duras, y no desea decirlas cuando es necesario que las diga. Le aconsejo que resuelva esto o no durará mucho en el ministerio". ¡Pablo vive!

Lea las dos cartas de Pablo a Timoteo y podrá percibir que la sensibilidad excesiva de Timoteo hacia la gente estaba volviendo loco a Pablo. Algo parecido a mi presidente de la junta. Por eso, el hombre mayor desafía tan poderosamente al joven: "Convence, reprende, exhorta, corrige, no dejes que la gente mayor te intimide o apague, no seas tímido, guarda cuidadosamente tu evangelio, y no dejes que nadie lo reduzca" (comparar con 1 Timoteo 4).

Por supuesto que Pablo tenía razón. La gente de Éfeso necesitaba dureza de parte de su pastor, ya que vivían en una cultura saturada de arrogancia, violencia, ambición, avaricia, inmoralidad y, como si esto fuera poco, idolatría incuestionable. Y estas influencias no son fáciles de borrar del alma redimida.

Se necesitaban sermones severos porque la congregación de Éfeso no se distinguía por sus cualidades de belleza espiritual. Abundaban las habladurías y calumnias, los maestros y líderes aspirantes competían por el reconocimiento y el control, y hay indicios de que había una dimensión en la vida eclesiástica que los modernos identifican como guerra espiritual. No era imaginaria; era real.

Pablo no le pedía a Timoteo que hiciera algo que él mismo no hubiera hecho muchas veces. Sus cartas a los corintios, por ejemplo, están repletas de cosas difíciles. Pablo desafía a la teología de bajo nivel y expresa consternación frente a los males ocasionados por la falta de unidad y sensibilidad. Se encarga de los asuntos de inmoralidad dentro de la iglesia, de la veneración destructiva a los héroes. Es rotundo en lo que concierne al mal uso de los dones espirituales y les llama la atención a los corintios por a su pésimo historial de generosidad financiera.

En ninguna de las cartas a los corintios encontramos que Pablo suavice estos asuntos; en ninguna parte los evade por temor a alienar a la gente. Pablo es Pablo. Oiga lo que dice: "Esta es la verdad, y dejen que les arda y que los limpie donde tenga que hacerlo".

El mal manejo de las cosas difíciles

Esto no quiere decir que Pablo le gustara comunicar estas cosas difíciles. A diferencia de otros, entonces y ahora, Pablo no era ningún sádico de homilías. Creo que he escuchado a algunos que lo son. Las cosas difíciles es lo único que los distingue. No sienten que un sermón es un sermón si no hace que la gente se enoje, que se sienta culpable, o que se sienta como la única "pura" en el mundo (todos los demás son tan malvados). Predicar únicamente las cosas difíciles es una manera sutil de controlar a la gente.

Por loco que parezca, estos predicadores pueden apelar a la clase de gente que ama las cosas difíciles, que no siente que ha escuchado la Palabra de Dios si no tiene el filo de la ira y la acusación.

Pareciera que esta clase de predicadores y audiencias se encuentran (el sádico y el masoquista). Los predicadores que solo predican cosas difíciles, por lo general, son personas que están enojadas. Les encanta arrojar sus opiniones a su alrededor como si fueran granadas de mano.

A pesar de lo que dijo el presidente de mi junta sobre mi hipersensibilidad, de vez en cuando me metí con las cosas difíciles. Y no quepa la menor duda de que *hubo* reacción.

Un día, cuando apenas comenzaba a predicar, el padre de una de nuestras familias irrumpió en mi pequeña oficina, después de un sermón en el que había dicho a los padres de nuestros adolescentes que su aptitud de padres era inadecuada. En esa época, por supuesto, yo no tenía hijos propios, hecho que señaló. Me llevó información que refutaba algunos de los "hechos" con los que yo había aporreado a la gente. Y, por último, dijo que deseaba informarme de algunas de las realidades de la crianza de los hijos que yo no podía conocer si no lo había experimentado de primera mano.

Sin duda, este hombre atrajo mi atención. El episodio me obligó a evaluar cómo predicaba las cosas difíciles y qué efectos podría tener. No podía ser insensible o, en este caso, estar mal informado. Antes de tratar las cosas difíciles, es necesario que haga su tarea, tanto espiritual como intelectual.

Me estremezco cuando recuerdo el día que hice una declaración casi papal sobre el divorcio. Después me enteré de que casi al frente del santuario estaba sentada la hija de un miembro de la iglesia, que no había ido a la iglesia durante años. Pero ahora, después del juicio de divorcio, había regresado a buscar consuelo para su vida destrozada.

Ah, y recuerdo también el día en que decidí hablar sobre las ofrendas con sacrificio justo, cuando varios de los hombres habían perdido sus empleos esa semana.

Lo que perdí de vista fue el hecho de que las cosas difíciles son algo más que decirle a la gente que se ha desviado de su rumbo. Lo que he aprendido es lo que tienen que aprender los padres: no se obtiene la confianza de los hijos mediante una crítica constante. Cuando hay que hacerlo, y se hace, tenemos que predicar las cosas difíciles como el pastor que está dispuesto a dar su vida por sus ovejas.

Cómo mezclar el enojo con el afecto

Cuando Pablo les escribió con dureza a los corintios, les aclaró que no le era fácil. "Les escribo con muchas lágrimas" (comparar con 2 Corintios 2.4). Éstas no son las palabras de un hombre que sólo ventila su ira y frustración con las personas que lo han decepcionado (a él o al Señor). Son las palabras de un padre tierno que escribe con tristeza porque ama mucho a su gente.

Cuando Pablo habló de las cosas difíciles, lo hizo con dignidad y un candor ejemplar. "No los puedo tratar como gente espiritualmente orientada... tengo que tratarlos como niños, ofreciéndoles leche en vez de carne" (comparar con 1 Corintios 3.2). ¡Qué franqueza! Pero luego les recuerda a sus oyentes que sus palabras eran para su propio beneficio. Algunos de ustedes se han vuelto arrogantes... algunos de ustedes, de hecho, están orgullosos de que haya algo de inmoralidad entre ustedes...

a algunos de ustedes que tienen pleitos judiciales entre ustedes ya los derrotaron" (comparar con 1 Corintios 4-5). Esto es muy duro, y Pablo no escatima sus palabras. Sin embargo, es una cirugía con un bisturí limpio y filoso.

Y luego: "No me arrepiento por un solo momento de haberles escrito [con dureza] aunque les haya causado tristeza" (comparar con 2 Corintios 7.8).

O esto: "Temo que cuando venga a visitarlos la próxima vez me sentiré acongojado por lo que voy a encontrar" (comparar con 2 Corintios 12.20).

Lo que me gusta de estas líneas es que Pablo habla con toda franqueza, sin rechazar a los corintios. Escucho que lo que dice es: "Estoy enojado con ustedes, pero mi enojo está alimentado por el afecto que les tengo".

Pero los corintios no fueron los únicos que escucharon cosas difíciles de Pablo. A los gálatas les escribió: "¡Torpes! ¿Quién los ha engañado?... Cuánto desearía que los que están obsesionados con la circuncisión se concentraran en emascularse" (comparar con Gálatas 3).

A los colosenses les escribió: "Cuídense de que nadie los cautive con la vana y engañosa filosofía que sigue tradiciones humanas, la que va de acuerdo con los principios de este mundo y no conforme a Cristo" (Colosenses 2.8). Nos llevaría horas buscar todas las cosas difíciles que ha dicho Pablo.

Cierta vez, Elizabeth O'Connor escuchó sin querer a sus sobrinas que estaban jugando al colegio. La mayor de las tres, Lisa, hacía de maestra y decía: "Ahora, niños, el conejo de Pascua no existe. ¿Me escuchan?"

Una de sus "alumnas" protestó: "¡Lisa, Lisa, deja de enseñarnos cosas que no queremos escuchar!"

Ese es el punto crucial cuando se trata de las cosas difíciles. Generalmente son temas que la gente no quiere escuchar. De modo que será mejor que el pastor esté en terreno firme cuando surjan las cosas difíciles.

El terreno firme

Cuando comenzamos con el manejo cuidadoso de las Escrituras, estamos sobre terreno firme. No me refiero a los textos de prueba, donde uno comienza con una opinión y luego busca la corroboración de la Biblia. Más bien, me refiero a la búsqueda de la Biblia con esta clase de preguntas:

- ¿Qué dice la Biblia sobre este asunto?
- ¿Qué personajes bíblicos lidiaron con este asunto y por qué?
- ¿Cuáles son las consecuencias de no cambiar —o si lo cambiamos?

Como predicadores, estamos sobre terreno firme cuando hemos buscado el parecer de los pensadores profundos del movimiento cristiano, no sólo de nuestra generación, sino también de las anteriores. Esto significa que pasaremos tiempo en la biblioteca, por supuesto. ¿Cómo hablaban de estos asuntos? ¿Cómo afectaron sus conclusiones a la gente de esa época? (Tome en cuenta que a algunos los quemaron en la hoguera por decir las cosas difíciles).

¿Es necesario decir que estar sobre terreno firme significa que tenemos que corroborar todos nuestros datos? Con demasiada frecuencia, los predicadores hacen lo que quieren con generalidades no corroboradas ("el 62 por ciento de los hombres son... el 84 por ciento de las iglesias están llevando a cabo... el 40 por ciento de los norteamericanos dice...") que escucharon en alguna parte, en un programa de radio o en una conversación. Los sermones quirúrgicos que extirpan las enfermedades espirituales exigen una información indudable.

El terreno firme proviene también de una vida profunda e inquisitiva de oración. Oración, primero, para que uno se conduzca con un corazón lleno de amor; que no busque controlar ni castigar; que busque únicamente lo mejor de Dios para la gente. Creo que actualmente nuestra gente no oye con demasiada frecuencia que hemos estado de rodillas intercediendo por ellos. Sólo eso concentraría la mente de más de alguno de nuestros miembros de la congregación.

Terreno firme significa examinar nuestro corazón, para ver si lo que decimos proviene de un profundo afecto y preocupación sacerdotal por la persona que asiste a la iglesia. ¿Estoy en contacto con las realidades de la vida del mundo real y con las presiones que enfrenta la gente?

Al comparar a dos predicadores que hablaban del infierno, un oyente dijo: "Uno predicaba sobre el infierno como si se alegrara de que algunos nos dirigíamos allí. Pero el otro predicaba como si el solo pensamiento de que alguien pudiera ir al infierno le quebrantaba el corazón".

Por último, el terreno firme exige una evaluación de nuestra integridad. Si estoy a punto de hablar con dureza a mi gente, sería sabio que me asegurara de no estar bajo el mismo juicio que estoy por ofrecer. Y si lo estoy, tengo entonces que hacerles saber que este es un asunto "con el que, comenzando por mí mismo, todos batallamos".

Las cosas difíciles pueden incluir los pensamientos que son contrarios a las opiniones políticas de la mayoría de la congregación. Las cosas difíciles pueden significar advertir a la gente de un espíritu arrogante y de condena hacia aquellos que tienen posturas diferentes, en cuanto a diversos asuntos morales y sociales. Y las cosas difíciles pueden significar llamar la atención de nuestros oyentes hacia un vasto número de cosas, que el movimiento cristiano tiende a ignorar porque el status quo cultural protege nuestros intereses.

Dentro de la iglesia misma, las cosas difíciles significan sostener el espejo bíblico y desafiar a la gente a que se mida a la luz de la pureza de Cristo y su llamado a una vida más santa. Puede significar desafiar a la gente a la autenticidad de su conversión, o a la ceguera de los pensamientos que ofenden y dividen a los demás.

Diga lo que tiene que decirse

Cierta vez me vi obligado a predicar a mi congregación sobre el crecimiento de un espíritu de polarización por un asunto en particular. La gente hablaba demasiado, se adhería a posturas que ocasionaban presión en el compañerismo. Se decían palabras hirientes e innecesarias y la gente buena, al sentirse enojada, estaba a punto de dividirse.

Comencé mi sermón con dos historias personales. Primero, compartí con ellos un momento de mi vida en el que erróneamente mantuve un espíritu de resentimiento contra otra persona. Describí cuánto tuve que luchar para poder perdonar. Luego les conté una segunda historia de un tiempo en el que alguien había estado contrariado conmigo. Aquí describí lo que sentí al estar al otro lado de la ecuación.

Cuando capté la atención de la congregación, dije calladamente: "Y es a causa de mi experiencia durante esas dos ocasiones que tengo una preocupación profunda por ustedes hoy". A partir de ahí, desarrollé un modelo bíblico para el asunto que enfrentábamos.

Al otro extremo de esa enseñanza, traté el asunto de frente: "Estoy terriblemente decepcionado por lo que veo y escucho hoy, y (con voz baja) ¡esto... tiene... que... terminar... ahora mismo! No les pido que hagan nada que yo no haya hecho en el transcurso de mi vida: Dejen de herirse mutuamente. Comiencen a perdonarse. La próxima vez que tenga evidencias de que está ocurriendo algo parecido, iré directamente a ustedes y les plantearé el asunto de manera personal".

Como soy muy parecido a Timoteo, esto me resultó extremadamente difícil de hacer. Pero en los días siguientes, gran parte del problema se había resuelto.

Cuántas veces me dijo mi padre, cuando me portaba mal y se veía en la obligación de castigarme: "Esto me duele más de lo que te duele a ti". Como niño, esas palabras me parecían ridículas.

Hoy día, las entiendo. Expresan muy bien lo que tendría que decir el corazón de un predicador: "Cuando se trata de asuntos difíciles, el mayor dolor yace en el alma del que está en el púlpito y tiene que hablar con ternura pero con sinceridad".

Esa era la lucha de Timoteo. Ha sido la mía. Quizás sea la suya también.

PARA REFLEXIÓN ADICIONAL

1. ¿Se describiría más como un Timoteo o como un Pablo?

2. Piense en algún momento de su vida en que le tuvo que decir "algo difícil" a alguien. ¿Cómo lo abordó y cuál fue el resultado?

3. ¿Cómo puede estar seguro de estar sobre terreno firme, cuando tiene que compartir cosas difíciles? ¿Cuánto tiempo estudia las Escrituras, ora y lee los escritos de pensadores cristianos profundos del pasado y del presente?

16

NT: NO TERMINÓ

Por lo tanto, si alguien piensa que está firme, tenga cuidado de no caer.

1 CORINTIOS 10.12

Cuando leemos los resultados de una carrera, ya sea de automóviles, gente o animales, es común ver NT junto a algunos de los nombres de los concursantes. Esas palabras, que equivalen a No Terminó, indican quiénes son los que abandonaron la carrera. Algunas veces se indica la razón: un motor descompuesto, por ejemplo, un músculo desgarrado, o cojera.

¿Qué sucedería si colocáramos el equivalente a NT junto al nombre de cada graduado del seminario que ahora hace algo diferente al ministerio al que se sintió llamado alguna vez? Todos los estudios de la gente que ha abandonado el ministerio indican que la lista sería larguísima.

Si se añadiera la razón, podría leer que es el estrés y el agotamiento, los conflictos, el poco don de gentes, la insuficiente capacidad de líder, los malos hábitos de trabajo, la infelicidad familiar y los feligreses mezquinos. Por supuesto que podríamos mencionar muchas más.

Y entre esas otras cosas, habría una que probablemente nos llamaría la atención de inmediato: el fracaso moral. El término suscita una gran curiosidad natural y una cierta aprehensión. La mente se pregunta: *¿Qué* ocurrió? ¿Por qué? ¿Cómo se descubrió? ¿Qué le pasó a la gente implicada en el asunto? ¿Me podría pasar lo mismo a mí?

El término *fracaso moral* cubre un amplio espectro de conductas trágicas. Algunos reconocieron que los atraía la pornografía; en el caso de otros, se descubrió que estaban en una relación indebida (con personas de uno u otro sexo); y aún otros revelaron un historial de alguna clase de acoso sexual. ¿Creen que esta lista es lo suficientemente extensa?

Dada la amplia definición de Jesús del adulterio (las intenciones del corazón), supongo que, de una manera u otra, todos somos fracasos morales. Asesinos también. Algunos líderes cristianos van más allá de las intenciones del corazón y las ponen en acción. Casi siempre, son muchas las vidas que se ven afectadas por el dolor que esto ocasiona. Además, a esto se le suma la decepción, el desdén y la pérdida de la confianza que acompaña a dicho pecado. Los pecados de la carne son destructivos y suelen terminar en un NT.

Por mucho que me desagrade el término *fracaso moral*, lo mantendré aquí. Y ahora mismo voy a estipular que el fracaso moral es inexcusable, destructivo, vergonzoso, un asunto de deshonra y un total y absoluto pecado. Pienso que todos estamos de acuerdo en esto.

De todas las cosas que he escrito, este tema es el más difícil, uno que desearía haber evitado, porque sé demasiado. Hace años, fui culpable de fracaso moral y, junto con mi esposa, he conversado con muchos otros que también lo fueron. Les aseguro que este asunto, sus causas y soluciones no pueden abordarse con pocas palabras. Uno solo puede escarbar la superficie. Cada situación es única; cada situación tiene que tratarse de forma distinta.

Las tentaciones predominantes

Hace años, cuando vivía en la ciudad de Nueva York y pastoreaba una iglesia mayormente de personas que formaban parte del mundo financiero, me di cuenta de que la *codicia* era un tema importante entre los que manejan dinero. Jamás tenían suficiente dinero y algunos alteraban las reglas para obtener más.

Cuando tuve la oportunidad de mezclarlo en Washington, DC, con los así llamados políticos, vi que el *poder* planteaba un problema similar. Jamás existe suficiente poder en Washington, y muchos lo ambicionan y toman atajos para obtenerlo.

Al haber vivido en Nueva Inglaterra la mayor parte de mi vida adulta, he podido ver también algunos de los pecados de *conocimiento*, de la arrogancia intelectual. Quizás la gente brillante de la *Ivy League*[1] no sea la más rica (dinero) ni la más poderosa (política), pero puede ser la más presuntuosa, y de la manera más brutal.

Mi punto es el siguiente: Lo que el dinero es para los financistas, el poder para los políticos y el conocimiento para los intelectuales, la intimidad, profundas conexiones con la gente, es para los que estamos en el negocio de la gente (pastores, directores espirituales, terapeutas, psicólogos, consejeros).

Un porcentaje importante de los que nos sentimos atraídos al liderazgo pastoral tenemos un anhelo mayor de lo normal de entablar relaciones con los demás. Nos encanta meternos debajo de la superficie de la vida exterior de las personas: entender sus sueños y sus cargas, alentarlos hacia mayores oportunidades, simpatizar con sus sentimientos y miedos, ofrecerles gracia y misericordia cuando fracasan. La palabra cerca entra aquí en función.

Cuando llegamos a estar así de cerca y tratamos cosas personales con la gente, tenemos al alcance conductas que atraviesan el límite de lo apropiado. Las así llamadas tentaciones de la carne llegan a ser predominantes bajo esas circunstancias y entre las gente que opera en un mundo de intimidades.

Esto no es un problema si los que están en el liderazgo son personas maduras, equilibradas, conscientes, humildes, sensibles al pecado y asumen un saludable y verdadero sentido de la responsabilidad. ¿Pero quién dijo que este sería el en todos nosotros?

---

1 Nota: Como *Ivy League* se conoce a las mejores universidades en el noreste de los Estados Unidos, famosas por su excelencia adadémica.

En el ministerio, a menudo se nos conceden privilegios y libertades que son agradables, pero peligrosos. Se nos dan responsabilidades que acarrean influencia y poder y que le dan la bienvenida a la adulación, en ese pequeño medio social llamado congregación (o secciones de ella). La gente nos respeta y presta atención de una manera especial. Sueña que somos piadosos, espiritualmente maduros, misericordiosos, sensibles, casi perfectos. Ah, y tenemos que decir también que, tarde o temprano, abandonan esas perspectivas y nos dejan caer con un ruido sordo.

Si el líder no es muy (¡muy!) cuidadoso, esto puede convertirse en un ambiente que distorsiona la realidad y engendra confusión en la mente y el corazón de muchas maneras diferentes. Acentúa la soledad, por ejemplo. El líder se pregunta: *¿Quiénes son mis verdaderos amigos? ¿Por qué siento que cada uno se apropia de un pedazo de mí hasta que no queda nada para mí? ¿Quién me conoce como realmente soy? ¿Hay alguien que no quiera nada de mí? ¿Por qué siempre me preocupo de lo que piensan los demás?*

Si el líder siente que lo malentienden o no lo aprecian, estos pensamientos se intensifican. Y es peor aún si el líder siente que no lo aprecian, respetan ni comprenden en su casa y en su matrimonio.

Este ambiente irreal no mejora con la tendencia de que haya una intimidad artificial en las relaciones humanas de una iglesia. Puede ser un lugar donde compartimos nuestros secretos bajo la apariencia de un pedido de oración o consejo. Es fácil que los extraños se toquen ("formemos un círculo de oración tomándonos de las manos"), o se digan cosas sin el beneficio de meses o años de crecimiento normal de la amistad. Alabamos y agradecemos a los demás (lo llamamos "afirmación") y lo hacemos de una manera que puede fácilmente transgredir los límites personales, cosa que generalmente no ocurre en el mundo en general. Estas son las cosas que conducen a los líderes y a sus seguidores a formarse una idea equivocada de las intenciones de los demás.

No hay mucha distancia entre un círculo de oración y una taza de café para dos, donde comienza lo inapropiado. De repente, alguien se siente comprendido, apreciado y admirado de una manera que no ocurre en sus relaciones o entornos apropiados. Observe el énfasis en la palabra siente.

Escuchamos historias que comienzan con palabras como estas: "Salimos a correr al parque"; "Ella me ayudaba a componer mis presentaciones en Power-Point", "Él reparó nuestra caldera".

En breve, y sin intención de faltarle a nadie el respeto, la iglesia, con su énfasis de ser transparente, vulnerable y auténtica, puede convertirse fácilmente en el semillero del fracaso moral, en especial para los líderes. Es muchísimo mejor exagerar en esto que subestimar la posibilidad.

Desde la intimidad al sexo

Si la mayoría de los pastores posee un instinto superior para las conexiones íntimas con la gente, no me sorprende que algunos pastores (la mayoría hombres) se sientan atraídos a diversas exposiciones pornográficas, en las que se simula intimidad y donde hay, por un breve lapso de tiempo, una sensación de cierta clase de satisfacción interior, que supuestamente tendría que producir la intimidad genuina.

Así como el alcohol y las drogas pueden producir, por un momento, una falsa sensación de bienestar, de libertad personal o de ausencia de dolor, así la pornografía es capaz de ofrecer una sensación, parecida a la que se experimenta cuando hay una intimidad genuina entre dos amantes.

Como todos saben, la insidiosa naturaleza de la pornografía es que, en casi todos los casos, se trata de un evento privado que se lleva a cabo en secreto. Solo queda expuesto cuando la persona es sorprendida en el acto, o cuando la persona está tan agobiada por la culpa que siente el impulso de confesar y buscar ayuda. Por lo general, en este punto, el problema ya se ha convertido en una adicción y es muy difícil tratarlo.

Otras personas en el ministerio no están en la columna de NT por pornografía, sino por haber estado involucradas en relaciones que violan los términos de las normas bíblicas y matrimoniales del decoro.

El enredo describe algo que me temo que ocurre más de lo que nos imaginamos. La palabra describe la conexión entre dos personas (solteras o no casadas entre sí) que trabajan juntas en el ministerio y comienzan a depender de la otra en busca de apoyo emocional. La naturaleza de sus actividades (líder y asistente; compañeros de equipo en el ministerio; líder y voluntario; pastor y aconsejado) conduce a un nivel de conversación y trabajo de equipo que perfora los límites saludables que normalmente nos separan de los demás.

Repito que esta posibilidad se acentúa si una o ambas partes tienen una relación inestable en su hogar: un matrimonio desatendido que ha perdido su propósito, o que le falta apoyo mutuo. Frecuentemente mi esposa dice que es humano dirigirse hacia las caricias, a aquellos lugares y personas donde se puede encontrar más aliento y la sensación de que nos comprenden.

He tenido conversaciones con muchísimos hombres en el ministerio que han fracasado moralmente. Me han dicho: "Nunca entré a esta relación con la intención de tener actividad sexual. Simplemente, la amistad de esta persona me resultaba más satisfactoria que la de mi esposa". La parte sexual vino después... como una trampa que salta del interior del corazón humano. No comienza con actividad sexual: comienza con algo que parece muy inocente.

Considere otra dimensión en la historia de David y Betsabé. Como muchos que ascienden a posiciones de liderazgo, David como rey pudo haber comenzado gradualmente a vivir por encima de las reglas que se demandan de los demás. Con frecuencia, las responsabilidades y presiones del liderazgo manipulan la mente del líder. Lentamente se convence de que hay privilegios y libertades que deberían otorgarle (o que podría aprovechar) porque "Es muy valioso para esta organización y su obra".

Al principio, se defienden los privilegios porque hacen que la vida del liderazgo sea más fácil o más efectiva. Un buen ejemplo es un lugar reservado para estacionar: ahorra tiempo, honra al líder, es un beneficio extra del trabajo, un símbolo de autoridad. ¿Una oficina más grande, un baño privado, más días de vacaciones? Todo esto es muy apropiado para las personas que lideran grandes organizaciones e iglesias, pero todo esto se puede convertir en el elixir de una percepción de que es indispensable.

Todo esto comienza a deteriorar la cautela del alma y tienta al líder a dejar de lado las reglas y límites morales (quizás sólo esta única vez, dice la mente que se engaña a sí misma). Las habilidades de nuestra mente de autojustificación son asombrosas y francamente aterradoras.

Después de su pecado, David no parece darse cuenta de la seriedad de lo que ha sucedido con Betsabé. Sigue gobernando la nación como si nada hubiera ocurrido. ¿Acaso el esposo de Betsabé es un problema? Encuentren la manera de encubrirlo todo, incluso cuando esto implique matarlo. Cuando lo confronta Natán, es evidente que David no puede, al principio, enfrentar la verdad. Se lo tiene que presentar como un relato para que pueda entenderlo por sí mismo.

Frecuentemente se dice que el liderazgo es solitario. Hay verdad en esto, por supuesto, pero si es solitario, podría ser muy bien la culpa del líder. Aun cuando el líder debe sobrellevar responsabilidades únicas, parte de su tarea es separar lapsos apropiados de tiempo para dedicarse a su familia y matrimonio, y para disfrutar de la amistad de personas de su mismo sexo.

No es raro que el líder experimente cierta distancia entre él (les pido perdón por usar aquí una terminología masculina) y su esposa. Si crece de manera diferente a ella, puede crearse una distancia intelectual. Puede ser una distancia que se crea cuando invierte más tiempo y energía en su trabajo y ella (por diversas razones) menos. La distancia puede crearse por los elogios, ya que a él se le elogia cada vez más por su éxito y ella comienza a caer a las sombra de su vida privada.

Al mismo tiempo, personas del sexo opuesto pueden acercarse a él porque están más relacionadas con el aspecto laboral de su vida. Se desarrolla una nueva clase de "cercanía", ya que se comparten las mejores horas del día en las que se está en el punto más alto de aptitud, donde se comparte la intoxicación de la visión y los logros. Se forman nuevos pilares de relaciones, a la vez que los pilares originales de la relación matrimonial se van debilitando. No es difícil imaginar los resultados.

La guerra interna

Me resulta difícil expresar en términos clínicos lo que intuyo. Dicho de manera sencilla, no confío en que muchos de los hombres y mujeres jóvenes que ingresan al ministerio público, con todos sus privilegios y exigencias, estén preparados emocionalmente (¿y espiritualmente?) para enfrentar las sutilezas del lado más sombrío de las relaciones humanas.

Tampoco estoy seguro de que muchos hombres y mujeres de mediana edad sepan apreciar todas las presiones que los asolan, y que facilitan la búsqueda de maneras ilícitas de anestesiar el creciente malestar interior. Decir adiós a los hijos, ajustarse a un matrimonio sin hijos, cuidar a padres ancianos, enfrentar el inexorable proceso de envejecimiento con sus problemas de salud: ¡presión, presión y más presión! Para el menos atento, embarcarse en actividades más simples, más excitantes y aparentemente más divertidas puede parecerle algo increíblemente atractivo.

La tarea pastoral, que se compara a muchos otros empleos, no está sometida a sistemas adecuados de responsabilidad. En un sentido, enviamos a hombres y mujeres a realizar una tarea semejante al envío de soldados al frente de batalla. De la misma manera que hubo un escándalo en la guerra de Irak, cuando se supo que los soldados no poseían la coraza adecuada, así también ocurre con muchas personas en el ministerio.

No respetamos la oscuridad del corazón humano al punto de que creemos que los mejores de nuestros líderes podrían, de la noche a la mañana, ceder ante las tentaciones que ellos mismos alguna vez consideraron inefectivas.

En mi libro *Rebuilding Your Broken World*, cuento la historia de un hombre que conocí en una conferencia. Me di cuenta de que estaba tratando de iniciar una conversación cuando me preguntó: "¿Cómo cree que Satanás podría derrotarlo por completo?" En esa época, todavía era joven y no encontré una respuesta inmediata a su pregunta. De modo que dije: "No estoy seguro, pero sé que nunca me va a derrotar al socavar mis relaciones personales". No podría haber dicho nada más insensato que eso. Unos cuantos años después, era un NT en potencia, y era razonable preguntarse si volvería a "correr" otra vez. ¿Por qué? Por un instante, había fallado en la relación humana más importante para mí.

A medida que la vida de un pastor se intensifica con mayores exigencias y expectativas, dudo que los así llamados fracasos morales de los líderes disminuyan. Me temo que van a aumentar y nos enteraremos de que más líderes buenos tienen escrito NT junto a su nombre. Me entristezco con sólo escribirlo.

Quizás estos cambios puedan frenar la marea:
1. Dejemos de andar con rodeos y hablemos de las tentaciones morales, de la misma manera que un comandante del ejército habla de los peligros de ir a la batalla. El oficial no supone que alguien esté exento de recibir un tiro, así que alerta a todos de antemano.
2. Pidamos que todos los hombres y mujeres que participan en el liderazgo cristiano pertenezcan a un grupo de compañeros que hace pactos de conducta, como de no salir a cenar con miembros del otro sexo, de no viajar con colegas del sexo opuesto y nada de relaciones de equipo, a menos que haya tres o más personas involucradas.
3. Tenemos que asegurarnos de que todos los pastores y sus cónyuges tengan una pareja mentora que vigila la vida familiar y marital, y que interviene si cree que se están resquebrajando los sistemas de una relación sana.
4. Seamos más honestos en cuanto a los efectos de alto riesgo del ministerio en las iglesias numerosas: qué les ocurre a los matrimonios, salud mental y emocional y vitalidad espiritual. Sabemos enseñar muy bien temas como la visión del futuro, alcance, administración y liderazgo. Pero, voy a ser lo más franco posible, desgraciadamente fracasamos en ayudar a hombres y mujeres jóvenes a formar el poder necesario del alma que fortalezca estos esfuerzos.
5. Admitamos honestamente el hecho de que, en nuestra cultura cristiana contemporánea, tenemos hambre (casi todos) de una intimidad saludable a todo nivel y, cuando no la experimentamos, solemos dirigirnos a lo sexual para encontrarla. Tenemos que sacar esto a la superficie,

encontrar maneras de identificar los impulsos y deseos para luego hablar de cómo prevenirlo.

NT —No Terminó: Este es uno de los epitafios más tristes de un líder. El fracaso moral: Esta es una de las razones más serias y trágicas. Quizás piense que deberíamos hablar más de esto y qué se puede hacer para prevenirlo.

PARA REFLEXIÓN ADICIONAL

1. ¿Ha estado usted en una iglesia u organización donde el líder estuvo involucrado en un escándalo? ¿Cómo lo manejaron?

2. ¿Ha experimentado algún fracaso moral que involucró a alguien de su iglesia u organización? Si fue así, ¿qué pasos tomó para rectificar la situación?

3. Si no fue así, ¿qué pasos ha tomado para asegurarse de no estar en el camino de la tentación?

17

LA PROFUNDIDAD DEL ALMA

*Oh hermanos míos, mi corazón se ensancha por ustedes.
Confío en que siento algo de esa oculta pero poderosa
presencia de Cristo mientras les predico.*

GEORGE WHITEFIELD

"En cualquier lugar a donde Pablo iba, estallaban revoluciones. En cualquier lugar a donde yo voy, sirven té". Así decía un obispo anglicano, al lamentar su evidente falta de impacto sobre la gente.

Todos sabemos lo que dice, sobre todo en el área de la predicación. Pasamos horas de preparación: tanto espiritual como pedagógica. Buscamos historias y ejemplos que destilen significado y preponderancia. Examinamos nuestra propia vida para estar seguros de que somos tan transparentes como sea posible. Luego, cuando llega el momento, predicamos con todo el corazón. Fluyen las palabras, se construyen pensamientos, las historias producen risas o un silencio reflexivo, llega el momento de la decisión y esperamos... ¡Pentecostés!

Momentos después, la gente comienza a desfilar hacia la salida con comentarios sombríos como: "Buen sermón, Pastor", o "Me ha dado algo en que pensar", o "Estuvo verdaderamente "iluminado" hoy".

Camino a casa, estamos con los nervios de punta. Por cierto, fue una buena mañana, ¿pero acaso ocurrió algo? Por ejemplo, ¿algo así como una revolución? ¿O nos limitamos a servir nuestro té de costumbre?

He vuelto así a casa innumerables veces. He pasado al púlpito con el espíritu de un John Wesley, y he salido del púlpito sintiéndome como un mero artista del mundo del espectáculo. Es un momento triste.

Predicadores poderosos

A primera vista, parece que predicar la Biblia siempre ha provocado poderosas reacciones. Esdras y los levitas, por ejemplo, enseñaron la Ley al pueblo y las multitudes no podían dejar de llorar. Imagínese, si fuéramos Juan el Bautista y escucháramos que las multitudes nos gritan: "¿Qué debemos hacer?" Y luego está Pedro, cuando predicó en Pentecostés y los oyentes "se sintieron profundamente conmovidos". O cuando Pablo predicó en Filipos y "el Señor le abrió el corazón" a Lidia. Estos son todos momentos impresionantes que establecen una expectativa alta para cualquier predicador.

Algunos hablan de sermones "ungidos" o "llenos del Espíritu" cuando piensan en el origen del poder de la predicación. Al otro extremo de la ecuación, donde el oyente recibe las palabras, yo lo describiría como una predicación que va a lo más profundo del alma.

La predicación que va a lo más profundo del alma supera a la predicación que llega a lo profundo de la mente, o de los sentimientos, o que provoca culpa. La primera lleva al convencimiento, a la conversión, a acciones nuevas y osadas. El resto produce una experiencia pasajera de buenos sentimientos, o una apreciación intelectual de una sólida observación bien planteada, pero no mucho más que esto.

Una vieja historieta muestra a un predicador que le dice a otro: "Al final de cuentas, sólo soy una colección de clichés, pero creo que he logrado combinarlos de una manera bastante apasionante". Probablemente, eso no es algo que diría el predicador que va a lo profundo del alma.

Los sermones que llegan al alma reflejan la descripción de la "Palabra de Dios" de Hebreos 4.12: "Penetra hasta lo más profundo del alma y del espíritu, hasta la médula de los huesos, y juzga los pensamientos y las intenciones del corazón". No se puede ir más profundo que esto.

Es importante observar que no toda la predicación bíblica impacta el corazón, aparentemente. Tomemos las palabras que le dijo Dios a Ezequiel:

"En cuanto a ti, hijo de hombre, los de tu pueblo hablan de ti... y se dicen unos a otros: "Vamos a escuchar el mensaje que nos envía el Señor". Y se te acercan en masa, y se sientan delante de ti y escuchan tus palabras, pero luego no las practican. Me halagan de labios para afuera, pero después sólo buscan las ganancias injustas. En realidad, tú eres para ellos tan sólo alguien que entona canciones de amor con una voz hermosa... oyen tus palabras, pero no las ponen en práctica" (Ezequiel 33.30-32).

Me suena como un grupo de gente bastante resistente, gente más allá de toda condena.

Los que tenemos el llamado a predicar anhelamos pronunciar sermones que vayan directo a lo más profundo del alma. Sabemos que hubo momentos de predicación en que gran cantidad de gente respondió a Jesucristo y abrió su vida al amor de Dios. Y nosotros deseamos que Dios nos use de la misma manera.

Por supuesto, esa clase de predicación, la que llega al alma, no necesariamente invita a la alabanza que satisface a nuestro ego. Pero es posible que provoque varias clases de revoluciones. Cambio de corazón, cambio de mente, cambio de actitud, cambio de relaciones, cambio de conducta. Suscita alabanza, arrepentimiento, gratitud, sumisión. Puede impulsar a la gente a marchar unida a una nueva dirección, con una fresca sensación de propósito en el reino.

Nuestro rol en el alma

Cuando pienso en la predicación a lo profundo del alma de acuerdo a lo que he leído de ella, la he visto llevarse a cabo y, me atrevo a decir, la he experimentado (unas pocas veces), me surgen algunos pensamientos en la mente.

Permítame comenzar con lo más obvio: *Los sermones que van a lo profundo del alma son un acto de Dios.* No los podemos (ni tampoco debemos) reducirlos a una pura mecánica o técnica. "Ve y diles todo lo que yo te ordene", le dijo Dios al joven Jeremías (Jeremías 1.17).

Un sermón a lo profundo del alma puede provenir de los labios de una persona simple, tartamuda, sin educación, o del corazón y mente de un erudito del más alto calibre. Dios no se limita cuando investiga los antecedentes de sus mensajeros. Intelectualmente, Pablo era el mejor de su clase; Pedro era un trabajador. Pero ambos fueron los mejores en la categoría de sermones a lo profundo del alma. ¡Quién lo hubiera imaginado!

Pero la persona sí importa. No vivimos en una época en que la persona se puede separar de la multitud y asumir algo así como el personaje de un actor en el púlpito. Nos referimos a una persona creíble, cuya santidad personal y fe práctica son evidentes en todos los rincones de la vida diaria.

Gerald Kennedy cita a Lutero: "Cuando predico en la iglesia de Stadt, me inclino. No miro a los doctores y maestros de las artes, de los cuales hay cerca de cuarenta en mi audiencia, sino que miro a la multitud de jóvenes, de niños, a los siervos, de los cuales hay cientos. A ellos les predico. A ellos me adapto. Ellos lo necesitan. Si a los doctores no les interesa ese estilo de predicación, la puerta está abierta para que se retiren".

Tenía veintisiete años y estaba en el último año del seminario cuando me pidieron que predicara en una iglesia bautista de St. Paul, Minnesota. Unos momentos antes de dirigirme al púlpito, el pastor que me había invitado se agachó y me susurró: "¿Ves a esos hombres de la segunda y tercera fila? Es casi todo el cuerpo docente del seminario de Bethel".

Sentí que se me reacomodaron las tripas, porque la gente de la segunda y tercera fila era un grupo formidable de aspecto austero. Me pregunté: *¿Qué puedo decirle a un grupo semejante que le llame la atención?* En ese momento me habrían ayudado las palabras de Lutero.

Luego escuché lo que parecía ser un mensaje directo del cielo: "No prediques; háblales desde el corazón de lo que tú me has escuchado decir. Estás preparado; estás listo; sólo háblales".

Un momento después, me puse de pie y hablé, con tranquilidad, de manera personal y con la mayor sinceridad posible. No pretendí ser más que un joven de veintisiete años, conmovido por lo que decían las Escrituras.

"Háblales". Eso es lo que he intentado hacer desde entonces. Sin una voz de catedral, sin un vocabulario escogido, y sin intentar decir algo diferente a lo que habría dicho si nos hubiéramos reunido a tomar un café.

Hace cincuenta años, A. W. Tozer escribió lo siguiente:

> Hay predicadores a los que su gente mira como oráculos divinos, que sacuden todo el día la lengua en conversaciones frívolas y superficiales. Luego, antes de ingresar al púlpito... [ellos] buscan un indulto de última hora con una oración breve. De ese modo, tienen la esperanza de colocarse en una posición en la que el espíritu del profeta puede descender sobre ellos. Puede ser que al generar un estado altamente emocional puedan arreglárselas, incluso podrían felicitarse por tener la libertad de predicar la Palabra. Pero se engañan a sí mismos. Lo que han sido todo el día y toda la semana es lo que son cuando abren el Libro para hablar de él a la congregación.

La palabra al día

Un sermón que va de lleno al alma tiene que ver con nuestra insistencia en tomar la verdad bíblica y encajarla en el marco del Siglo XXI: una empresa difícil, pero no imposible. La erudición y la imaginación funcionan juntas aquí para cultivar la curiosidad de la congregación, de manera que estén dispuestos a avanzar lentamente en el texto con el predicador, a apreciar por qué y cómo fue escrito y qué fue lo que el autor trató de decir al responder al impulso del Espíritu Santo.

Una vez que hemos hecho eso, debemos trabajar con el supuesto de que la verdad antigua es transcultural: le habla al presente. Y ¿qué es lo que dice? ¿Cómo se traduce esa verdad a la vida los martes o jueves, en el lugar de trabajo, en el hogar o en la escuela? ¿Qué diferencia hará? ¿A qué se asemeja la vida para la persona bíblica?

Me encanta relatar la historia de un hurón llamado Bandido que nuestro hijo de edad universitaria llevó a casa hace varios años. Después de unos meses, le tuvimos que pedir a Bandido que se fuera (tenía problemas de conducta), pero nadie podía decirnos cómo desalojarlo de la manera apropiada. Cuando le sugerí a la gente de la tienda de mascotas que sencillamente lo tendríamos que soltar en el bosque de New Hampshire, estaban horrorizados.

—No podrá defenderse o sobrevivir —dijeron—. Está entrenado para vivir en una jaula.

Tenemos que cuidarnos de los sermones que le enseñan a la gente a sobrevivir únicamente en la jaula protegida de la iglesia y entre gente cristiana. Los sermones al alma toman el poderoso Evangelio y lo colocan en el contexto de las calles de este mundo, donde la vida es dura y la gente necesita valor y sabiduría.

Urgencia (creo que hoy día preferimos la palabra *pasión*) es una palabra interesante cuando consideramos la predicación a lo profundo del alma. Se usa para describir a un predicador que realmente cree que el destino eterno de los seres humanos está atrapado en los temas que un sermón podría tratar. Este es un pensamiento preocupante. A decir verdad, no tengo la sensación de que la mayoría de los predicadores crea verdaderamente que los asuntos eternos estén en juego cuando predican.

Cómo preparar a la multitud

Cuando las congregaciones están preparadas para escuchar en lo más profundo del alma, existe la posibilidad de dar sermones que lleguen a esas profundidades. Un Agustín, un Lutero, un Calvino, un Wesley, un Spurgeon y un Graham fueron eficaces cuando sus audiencias estaban curiosamente preparadas. Pero aquí hay un caso opuesto: "En efecto, [Jesús] no pudo hacer allí ningún milagro, excepto sanar a unos pocos enfermos al imponerles las manos. Y él se quedó asombrado por la incredulidad de ellos" (Marcos 6.5-6). Marcos escribe de un día de predicación en la vida de Jesús, que podría tener el rótulo (perdóname, Señor) de un fracaso.

Una curiosa preparación, digo yo. Porque hay veces en las que Dios, por razones que no podemos comprender, resquebraja la dureza del alma y envía un sermón a lo más profundo de su interior. La gente se arrepiente; la gente cambia; la gente se convierte en, bueno… gente maravillosa. ¿Qué es lo que prepara a una congregación? Por lo general, esos momentos están precedidos por grandes cantidades de oración.

Un feligrés de una iglesia galesa en 1859 describe un momento semejante, en el que la gente se habría conformado con una reunión común y corriente.

[El pastor, después de leer algunos versículos, hizo] unas pocas observaciones pasajeras al respecto [y] todos los presentes sintieron una influencia que jamás habían experimentado antes. Había una belleza, una dulzura en la Palabra santa que nunca antes habíamos percibido. Una nueva luz brillaba sobre ella. Nos exaltó y nos hizo llorar de alegría. El sentimiento era general. Todos los presentes estaban bajo su influencia. Los corazones más endurecidos tuvieron que sucumbir... y cuando cantamos, ah, cantamos con el Espíritu y repetimos el himno una y otra vez —no podíamos parar. Todos los corazones parecían estar inspirados para continuar, y cantamos los últimos dos versos durante todo un cuarto de hora.

¡Bueno! El segundo avivamiento de Gales estaba en marcha.

Los resultados de los sermones que llegan a lo profundo del alma

No debemos recargar demasiado esta idea de los sermones al alma, pero sin duda algunos de los siguientes atributos deben estar entre sus puntos característicos. La sensación de la santidad y majestad de Dios podría ser una característica. Él es un Dios con quien no debemos jugar. Hay que respetarlo y escucharlo.

Luego podríamos buscar una sensación del profundo, profundo amor de Jesús, un amor que es prácticamente irresistible y que supera todas las barreras del alma endurecida. Tenemos que predicar a Jesús de manera tal, que nadie pueda concebir la idea de vivir sin tener una relación con él.

Agreguemos a esto el imperativo del arrepentimiento. ¿Cómo puede la gente dejar un sermón que le llegó a lo profundo del alma, sin sentirse impresionada por su falta de rectitud y su necesidad de poner las cosas en orden delante de Dios? Además, está el intento de cambiar, la comprensión de que hay que cambiar esa actitud o conducta con la guía y el fortalecimiento del Espíritu Santo.

Un resultado más: El oyente imagina una manera de salir por la puerta y hacer que las cosas cambien en el nombre de Jesús: servir a los demás, presentarles a Jesús, corregir un mal, proteger a una persona vulnerable.

Me pregunto si los sermones a lo profundo del alma no se caracterizan también por una conclusión persuasiva. Los vendedores usan la palabra "cierre" para describir el momento en que le piden al cliente una venta. Palabras algo toscas para un predicador, pero el sermón tiene que tener una conclusión definida, una descripción clara de la clase de respuesta que el predicador cree que Dios espera. Tiene que decirse con toda claridad para que nadie escape al reto.

Josué era excelente para concluir: "Elijan ustedes mismos a quiénes van a servir... Por mi parte, mi familia y yo serviremos al Señor" (Josué 24.15). Obtuvo una buena respuesta.

Las conclusiones tienen un amplio espectro. Por un lado está la respuesta inmediata, cuando el predicador pone fin al sermón con una invitación. A mí me gusta hacerlo de vez en cuando, pero siempre le advierto a la gente de antemano. Al comienzo del sermón les digo: "Quiero que sepan que al finalizar el sermón voy a extender una invitación. Esto significa que yo los voy a invitar, si Dios les está hablando, a que dejen su asiento, vengan al frente, se arrodillen y permitan que alguien ore por ustedes. De modo que, mientras escuchan el sermón, tengan presente que los voy a desafiar, a cada uno de ustedes, a pensar si Dios les está hablando y si son una de las personas que deberían responder a mi invitación".

Ninguna de esas invitaciones ha dejado de tener respuesta. Cuando advierto lo que va a ocurrir, la gente piensa con toda seriedad en lo que digo. Vienen y, a menudo, eso se convierte en un hito de su trayectoria espiritual.

Al otro lado del espectro está la pregunta abierta, que une una verdad a algo que la gente va a experimentar durante la semana siguiente. Aquí, la clave es hacer preguntas e ideas que hacen reflexionar y que perduran en su mente.

No hace mucho tiempo, prediqué un sermón sobre la perseverancia y cité a Yogi Berra, que dijo: "No ha terminado hasta que ha terminado". Luego hice algunas aplicaciones apropiadas. Unas semanas después, se me acercó una pareja para relatarme una historia familiar.

"Nuestra hija de diez años", me dijeron, "estaba jugando esta semana un partido de fútbol, y estaban perdiendo por un gol cuando apenas faltaban cinco minutos para terminar. Ella escuchó que el entrenador del otro equipo les decía a las niñas: "Ya está por terminar el partido y ustedes van a ganar"".

Después del partido, que finalizó en un empate, la niña les dijo a sus padres: "Escuché que el entrenador decía que el partido casi había terminado, y recordé que el Pastor Mac había dicho que "no ha terminado hasta que ha terminado". De modo que decidí jugar más arduamente". Y metió el gol que empató el partido.

Quizás este no sea exactamente el mejor ejemplo para los sermones que van a lo profundo del alma, pero si una niña de diez años puede hacer una aplicación directa varios días después, entonces todo es posible.

Recuerde por qué está allí

El fundador del movimiento cuáquero, George Fox, predicaba a lo más profundo del alma. Cuando reflexionaba en qué era lo que lo hizo ser de esa manera, simplemente respondía: "Le llevaba hombres a Jesucristo y los dejaba allí".

Hubo una época, hace años, en que (me da vergüenza admitirlo) empecé a aburrirme un poco de predicar. En tanto que para mí era importante predicar buenos sermones, comencé a olvidarme de que había un objetivo detrás de ellos, que había resultados que buscar.

Le dije a mi esposa: "No estoy seguro de que alguien cambie por lo que digo. Tengo que recordarme que debo predicar para que haya un cambio".

Ella me escuchó. Y desde ese momento, cada vez que me levantaba de mi asiento, a la par de ella, para dirigirme al púlpito, Gail me agarraba del brazo y me susurraba al oído: "Sé un hombre enviado por Dios; ¡predica para que haya cambios!"

Ella se asegura de que yo recuerde el propósito de predicar.

PARA REFLEXIÓN ADICIONAL

1. En sus propias palabras, describa la diferencia entre predicar sermones mediocres y predicar sermones que van a lo profundo del alma.

2. ¿Qué tan importante es "concluir" un sermón? ¿Qué estrategias creativas ha usado para llamar a los oyentes a la acción?

3. Piense en alguien que admira, que tiene profundidad del alma, ya sea en el ministerio o en los negocios. ¿Qué caracteriza su estilo de vida? ¿Y la manera en que se comunica?

18

CÓMO CAE UNA IGLESIA PODEROSA

Toda institución, no importa cuán magnífica sea, es vulnerable a la decadencia. Cualquiera puede caer, y la mayoría tarde o temprano lo hace. Pero resulta que la decadencia suele ser autoinfligida y el sendero hacia la recuperación yace, en gran parte, en nuestras propias manos. No somos presos de nuestras circunstancias, ni de nuestra historia, ni aun de nuestras formidables derrotas por el camino. Siempre y cuando no quedemos completamente derrotados, siempre hay esperanza. Los poderosos pueden caer, pero a menudo pueden volver a levantarse.

JIM COLLINS

Al poco tiempo de haber finalizado mi educación teológica, me pidieron que fuera pastor de una congregación en el sur de Illinois. Este fue mi primer gran despertar a las realidades del liderazgo pastoral, y fue una experiencia incómoda.

Los talentos (o dones) que hicieron que la congregación me invitara a ser su líder espiritual fueron probablemente mi entusiasmo, mi predicación, y mi aparente capacidad, aun como hombre joven, de llegar a las personas y hacerlas sentir que me preocupaba por ellas.

El cargo requería que yo presentara mis informes ante una junta de diáconos quienes, aunque bien intencionados, no tenían mucha experiencia en el liderazgo organizativo. Era también responsable de liderar al personal que consistía en una secretaria, un asistente de educación cristiana, dos maestros de escuela diurna, un director de coro de tiempo parcial y un conserje.

Lo que la descripción del cargo no decía era que la congregación estaba seriamente dividida y desilusionada debido a una enconada división, en la que el pastor anterior había persuadido a cien personas a que se le unieran a dejar la iglesia para formar una nueva en otro sitio.

Tardé solo dos meses en darme cuenta de que apenas sabía cómo liderar una organización de ese tamaño, complejidad y heridas. A la edad de veintisiete años, el cargo me superaba. De alguna manera, durante mis estudios en el seminario, siempre había creído que lo único que uno tenía que hacer era llegar a predicar espléndidamente y tener una visión entusiasta del futuro para que todo lo demás en la vida de la iglesia funcionara bien. Nadie me habló de un personal que requería dirección, de una junta que deseaba resultados y de una congregación que necesitaba sanar.

Lo comparo con el descubrimiento que hacen algunas parejas de recién casados al final de la luna de miel. Se dan cuenta de que además de haber afecto y diversión, hay cuentas que pagar, tareas que compartir y diferencias de personalidad que resolver, todas las cosas que no sabían que estaban incluidas en el matrimonio.

Las iglesias y los matrimonios tienen algo en común: ambos son organizaciones. Habría sido mejor saber cómo manejarlos. Yo no lo sabía.

El liderazgo organizativo

Durante esa época de mi "despertar", alguien me presentó un libro sobre el liderazgo organizativo: El ejecutivo eficaz de Peter Drucker. Este libro se convirtió en uno de los más importantes de mi vida. Me ayudó a entender cómo recibe la gente la fuerza necesaria para obtener objetivos que no podría alcanzar de otra manera. Creo que este libro fue lo que evitó que me derribaran en el primer asalto de mi vida como pastor.

Desde entonces, hace más de cuarenta años, muchos autores intentaron superar las ideas de Drucker. En mi opinión, nadie logró hacerlo tan bien como Jim Collins, quien nos ha dado libros como *Good to Great* y *Built to Last* [De lo bueno a lo grandioso y Construido para durar]. No creo que Collins haya tenido en su mira gente como yo cuando escribió estos libros, pero muchos de nosotros, en el liderazgo pastoral que se basa en la fe hemos aprendido mucho de él.

Collins y su equipo de investigadores produjeron también una pequeña obra titulada *How the Mighty Fall* [Cómo caen los grandes] que según dijo Collins, comenzó como un artículo y terminó como un libro. Como predicador (y escritor), lo puedo entender.

Collins dice que How the Mighty Fall fue inspirado por una conversación durante un seminario en West Point, donde unas pocas docenas de líderes de los sectores militares, empresariales y sociales se reunieron para explorar temas de interés común. Él había planteado la siguiente pregunta al grupo: "¿Están los Estados Unidos renovando su grandeza, o están a punto de caer, peligrosamente, de lo grandioso a lo bueno?".

La conversación surgió durante uno de los intervalos, cuando uno de los Directores Ejecutivos se acercó a Collins para decirle: "Su discusión me resulta fascinante, pero he estado pensando durante toda la mañana en su pregunta, en el contexto de mi compañía. En los últimos años, hemos tenido muchísimo éxito y eso me preocupa".

A continuación, el Director Ejecutivo expresó su temor de que el éxito en sí tiende a cubrir las señales de advertencia de un deterioro. Por lo tanto, lo obsesionaba la pregunta: *¿Cómo puede uno saber si su organización se dirige a problemas, cuando todo en la superficie parece funcionar tan bien?*

Ese Director Ejecutivo tiene ahora la respuesta que deseaba en las páginas de *How the Mighty Fall*. Collins comienza con una historia personal que ilustra el punto que el libro trata. Describe un día en el que él y su esposa, Joanne, fueron a correr a un camino montañoso cerca de Aspen, Colorado. Su esposa, una corredora en muy buenas condiciones físicas, pronto pasó al frente, y sólo se detuvo cuando llegó a una altura de casi 3900 metros.

Aun así, unos dos meses después, relata Collins, a ella le diagnosticaron cáncer y le hizo frente a dos mastectomías. El punto de Collins es que el día en que corrieron juntos, su esposa parecía ser la imagen misma de la salud, pero ya tenía que tener la enfermedad en desarrollo dentro de ella.

"He llegado a ver el deterioro institucional como una enfermedad en etapas: difícil de detectar pero más fácil de curar en las primeras etapas; fácil de detectar pero más difícil de curar en las últimas etapas", escribe Collins. "Una institución puede aparentar fortaleza en su exterior, pero ya estar enferma por dentro, y a punto de caer estrepitosamente".

Eso me recuerda las palabras que se escribieron a la iglesia de Laodicea: "Dices: "Soy rico; me he enriquecido y no me hace falta nada"; pero no te das cuenta de que el infeliz y miserable, el pobre, ciego y desnudo eres tú" (Apocalipsis 3.17).

Las cinco etapas del deterioro

En el libro, Collins identifica cinco etapas del proceso de la caída de una organización. Sugiere que cada una de estas etapas es una sección de ese camino de perdición, que se torna cada vez más peligroso con el pasar del tiempo, y el problema se acrecienta por el hecho de que, en la mayoría de los casos, el liderazgo parece no darse cuenta de lo que ocurre.

Cualquier líder serio de una organización desearía conocer bien las cinco etapas de Collins, y también desearía estar seguro de que sus líderes están conscientes de ellas. ¡Qué buen menú para una discusión de cinco puntos en un retiro para líderes! Cuando las leí por primera vez, me impresionó ver lo fácil que era encajar muchas de estas observaciones con las descripciones bíblicas del liderazgo y vida organizacional.

1. La arrogancia que surge del éxito

Por ejemplo, tome la primera etapa de la decadencia de una organización. Collins la denomina "la arrogancia que surge del éxito".

"Nos perjudicamos al estudiar únicamente el éxito", escribe Collins. Una búsqueda y revisión de la literatura empresarial, e incluso del liderazgo de la iglesia, indica que pocos libros exploran las raíces del fracaso. La mayoría idolatra las promesas de éxito.

Es interesante que los escritores bíblicos no temían escribir sobre el fracaso. Entre las historias de los grandes logros del Antiguo y Nuevo Testamento encontramos una gran cantidad de relatos de fracasos personales y empresariales.

La arrogancia, una presunción altanera (Collins se refiere a ella como "orgullo excesivo") que prepara el terreno para el fracaso y sus consecuencias, lo encontramos a lo largo de todas las Escrituras. Me siento tentado a decir que hay más historias de fracasos que surgen del orgullo desmedido que historias de éxitos que surgen de la humildad.

Por ejemplo, Goliat y sus compañeros filisteos estaban llenos de orgullo cuando el gigante se enfrentó a David el pastor. Más tarde, David mismo cayó en las garras del orgullo cuando se metió en problemas con Betsabé. Uzías, rey de Israel por más de cincuenta años, estaba metido hasta el cuello en el orgullo desmedido cuando, como dice la Biblia, "se volvió arrogante, lo cual lo llevó a la desgracia" (2 Crónicas 26.16 ntv). En cada uno de estos casos, nadie podía concebir que algo que estuviera bajo su control fracasara. Simplemente se suponía que merecían el éxito, y no consideraron consecuencias adversas.

La historia nacional de Israel está repleta de actuaciones orgullosas que abren la puerta a la humillación y al sufrimiento. El impacto de la derrota en el pequeño pueblo de Hai, por ejemplo, tuvo lugar poco tiempo después de la estupenda victoria de Jericó. Antes de la batalla de Jericó, nadie habría predicho el éxito de Israel, y antes de la batalla de Hai, nadie habría predicho la derrota de Israel. La humildad obtuvo la victoria en Jericó; el orgullo desmedido trajo la derrota en Hai (comparar con Josué 8).

La arrogancia, un estado de excesiva confianza en nosotros mismos, en nuestros sistemas y en nuestros éxitos, a menudo ciega a los líderes, que no ven los puntos débiles que comienzan a pulular dentro de su organización.

Eso es lo que ocurrió en Hai. Cuando los espías fueron a explorar este pueblo insignificante, regresaron a Josué y le dijeron: "No es necesario que todo el pueblo vaya a la batalla. Dos o tres mil soldados serán suficientes para que tomemos Hai. Esa población tiene muy pocos hombres y no hay necesidad de cansar a todo el pueblo" (Josué 7.3).

Eso es arrogancia a la enésima potencia: subestimar el problema y sobreestimar nuestra capacidad de logro.

Un contraste es Hechos 6.1: "Al multiplicarse los creyentes rápidamente, hubo muestras de descontento" (ntv). Esto describe el éxito superficial en tanto que, por debajo, la amenaza de división está en ciernes. Hay que reconocer que los apóstoles rápidamente tomaron nota de la situación e iniciaron un proceso para resolver el problema antes de que las cosas empeoraran.

Después de un terrorífico tsunami que asoló a varios países del Pacífico hace varios años, los científicos comenzaron a colocar sensores en el fondo del mar para detectar con anticipación cualquier acción sísmica que pudiera generar un tsunami. Quizás esto es lo que tienen que hacer los líderes de las organizaciones. Buscar gente, designar indicadores específicos, identificar "tendencias" espirituales que indiquen que está surgiendo un problema: ahora pequeño, pero que amenaza con agrandarse si no se le trata de inmediato.

2. La búsqueda indisciplinada de más

Collins admite que cuando comenzó a estudiar la decadencia organizativa, esperaba encontrar complacencia en la raíz de la mayor parte de los problemas. Pero descubrió que estaba equivocado. La extralimitación (que de alguna manera es lo opuesto a la complacencia) resultó ser el verdadero problema.

La extralimitación es la búsqueda indisciplinada de crecimiento, acompañada de falta de atención a los principios básicos sobre los que se construyó originalmente la organización. Es crecer y crecer, expandirse cada vez más, incluso a costa del alma de la organización.

Me pregunto si esta no es la manera de describir los problemas de la congregación en Corinto. El desafío de Pablo a esta organización tiene un dejo de ironía. Al hablar de sí mismo con términos reprobatorios y contrastantes, Pablo pone al descubierto su hiperactividad: "Ya se han enriquecido... han llegado a ser reyes... son los inteligentes... los fuertes son ustedes... a ustedes se les estima" (comparar con 1 Corintios 4.8-10).

La extralimitación surge de la tentación a pensar que si somos buenos en algo, podemos hacer cualquier otra cosa con el mismo éxito. Esta era la situación en Corinto.

Cierta clase de líderes, ya sea empresariales o eclesiásticos, llegan a estar cegados por el elixir de la expansión. Con mucha frecuencia, esto fluye de la necesidad de los líderes de proveer siempre para su autoestima, y no conocen ninguna otra manera de hacerlo, más que construyendo graneros cada vez más grandes, sin importar las consecuencias.

Es la idea incesante de que todo tiene que crecer, aumentar, ser más impresionante. Consideremos a Salomón que, cuando joven, ascendió al trono de su padre David. Al principio, fue lo suficientemente "inteligente" como para reconocer su necesidad de "sabiduría" y oró por ella. Dios le concedió su pedido y las primeras páginas de la historia de Salomón están marcadas con un éxito asombroso.

Pero a lo largo del camino, se inició un modelo personal de extralimitación. Más caballos y carruajes, más dinero, más esposas, a pesar del hecho de que Moisés había advertido en épocas anteriores que los reyes de Israel debían evitar todas esas cosas y todos los días tenían que recordarse de sus peligros.

Francamente, Salomón comenzó a ir en dirección a "más" y se apartó de la "sabiduría". Apuesto a que si alguno de nosotros hubiera podido entrevistarlo cuando estaba en la cima de su carrera, Salomón habría tenido razones a toda prueba, incluso teológicas, que justificaban su expansión. Quizás sus razones nos habrían silenciado. Pero su afán por extralimitarse, a la larga, lo llevó a su decadencia. Nos preguntamos: ¿por qué tenía que tener cada vez más este hombre tan sabio? ¿Y por qué tuvo que sufrir Israel a causa de ello?

¿Hay extralimitaciones salomónicas actualmente?

Me impresiona que el encargo de Jesús a sus discípulos tuvo mucho más que ver con el hacer discípulos que con la creación de organizaciones más grandes. Parece que sabía que los pelotones de discípulos entrenados adecuadamente en cada pueblo y ciudad se harían cargo del movimiento y lo mantendrían puro. Lo que probablemente Jesús temió precisamente es lo que se ha intentado una y otra vez a lo largo de los siglos: sistematizar el movimiento cristiano, centralizarlo, inflarlo para que cause una impresión.

3. La negación del riesgo y el peligro

La tercera etapa de decadencia de Collins surge cuando los líderes y las organizaciones ignoran o minimizan la información crítica, o se niegan a escuchar lo que no quieren oír. Como resultado, corren riesgos que no se han evaluado correctamente y que más tarde le dan un sablazo a la vida de la organización. Una de mis historias secundarias favoritas de la Biblia es la que presenta la conversación entre el rey Acab y Josafat. Ambos se reúnen para considerar la posibilidad de declararle la guerra a Ramot de Galaad. Un Josafat prudente dice: "Pero antes que nada, consultemos al Señor".

Diligentemente, Acab reúne a cuatrocientos profetas y les pide su opinión. La respuesta unánime es que la guerra es una decisión inteligente. Pero Acab ha inclinado las balanzas de opinión al llevar profetas falsos.

La respuesta de Acab es sorprendente: "Todavía hay alguien por medio de quien podemos consultar al Señor, pero me cae muy mal porque nunca me profetiza nada bueno; sólo me anuncia desastres. Se trata de Micaías..." (1 Reyes 22.8).

Cuando Micaías acude a la presencia del rey, actúa exactamente como Acab lo esperaba. Delinea con claridad lo que ocurrirá si Acab y Josafat van a la guerra. Y no se equivocó. A fin de cuentas, Acab muere en la batalla.

Collins se preocupa de las organizaciones que basan sus decisiones en información inadecuada o mal administrada. Quizás tendríamos que preocuparnos aún más de las congregaciones que ni siquiera se preocupan de reunir datos y que confían, a cambio, en los rumores o impresiones.

Al principio de mi liderazgo aprendí del peligro de escuchar comentarios que comenzaban: "Se dice que..." o "El otro día escuché..." o

"Mucha gente siente que..." Pronto comencé a darme cuenta de que tales "datos" no eran fiables.

La información más valiosa provenía de gente sabia y confiable, que tenía el poder de entablar conversaciones sistemáticamente con la comunidad, y utiliza preguntas diseñadas con anticipación. Esto permitía que el equipo de líderes evaluara la voluntad, la fe y la alineación de la gente cuando evaluáramos los próximos pasos a dar en nuestra organización. Por supuesto, nada me resultaba más útil que la información que recababa de conversaciones personales con otros individuos y grupos pequeños.

4. La lucha por la salvación

Collins escribe que la cuarta etapa comienza "cuando una organización reacciona frente a una recesión dando tumbos hacia una solución mágica". Da ejemplos como asumir un enorme riesgo con un producto que aún no se ha puesto a prueba, invertir en una transformación completa de imagen, contratar asesores que hacen toda clase de promesas, o buscar un nuevo líder con imagen de héroe que cabalga sobre un caballo blanco y rescata la situación sin la ayuda de nadie.

Cuando busqué precedentes bíblicos para este principio, me atrajo el rey Saúl. Israel, desesperado por un rey pues deseaba ser como las demás naciones, escogió a este hombre porque provenía de una familia destacada, era bien parecido y era elocuente. La gente estaba frenética, con la clase de optimismo que vemos cuando un equipo profesional adquiere una súper estrella y está segura de que ahora va camino al campeonato.

En sus propias palabras: "Queremos un rey que nos gobierne. Así seremos como las otras naciones, con un rey que nos gobierne y que marche al frente de nosotros cuando vayamos a la guerra" (1 Samuel 8.19). Me suena como una solución mágica. A veces, las soluciones mágicas funcionan, pero como parece que Jim Collins dice, en la mayoría de los casos, probablemente no.

La solución mágica, Saúl, prosperó durante algún tiempo, pero la verdad es que no poseía el carácter interior para ser la clase de líder que podía convertir a Israel en un reino estable, y le sacara su grandeza potencial. A medida que aumentaba la presión, comenzó a revelarse el Saúl oculto, el más real, hasta que Dios sencillamente le quitó su apoyo. La muerte de Saúl en un campo de batalla, donde estaba desesperado por obtener la victoria es algo patético.

Recuerdo momentos en los que estaba desesperado por obtener la victoria que detuviera la marea de lo que aparentaba ser una iglesia en decadencia. En vez de examinar cómo se desempeñaba la congregación en las prácticas fundamentales para ser siervos centrados en el señorío de Cristo, yo sentía la tentación de valerme de un servicio nocturno de avivamiento, de un programa especial, del alto desempeño de un miembro del personal. Recuerdo haber intentado escribir el sermón perfecto y apasionado que arreglaría todo de la noche a la mañana. Ahora lo entiendo y veo lo que realmente era: la búsqueda de la salvación con una maniobra táctica, ya fuera en forma de una presentación, de una persona o de un programa.

Gracias a Dios pude aprender, como así también los que me rodeaban, que las maniobras tácticas rara vez funcionan. Sólo cuando comenzamos a ocuparnos nuevamente de la gente, a disciplinar a los líderes que se dejan enseñar, a llevar a la gente a Jesús y a adorar con un espíritu entusiasta, vuelven a encaminarse las cosas.

Todo esto nos conduce, escribe Collins, a la quinta etapa...

5. Capitulación a la irrelevancia o muerte

Así como las empresas se quedan sin dinero en efectivo, las organizaciones como las iglesias se quedan sin fe y sin espíritu.

Creo que el templo de Jerusalén debe haber sido algo así cuando Jesús salió de él y dijo: "Yo no voy a regresar". Anticipaba el día en el futuro próximo en el que el templo no sería más que una pila de escombros.

No hace mucho tiempo, estaba parado frente al edificio de una iglesia en Gales. En la puerta habían clavado un cartel de "En venta". La piedra fundamental mostraba que se había construido en el punto culminante del avivamiento galés. Ahora estaba rodeado de maleza y, por su estado, se podía ver que hacía muchos años que no lo ocupaban.

¿En qué momento comenzó a descender al punto de la muerte organizacional? ¿Quién dejó de ver las señales ocultas? ¿Quién ignoró las doctrinas fundamentales? ¿Quién interpretó equivocadamente la información? ¿Quién trató de meter un gol y falló?

Excelentes preguntas. Si se ignoran, los grandes caen.

PARA REFLEXIÓN ADICIONAL

1. ¿Ha sido parte de una organización que se concentra en crecer cada vez más, que ha perdido de vista su alma? ¿Qué ha hecho para prevenirlo?

2. En su opinión, ¿por qué tuvo que dejar de lado Salomón la sabiduría para ir en busca de más y más cosas materiales? ¿Se le ocurre algún ejemplo contemporáneo de esto?

3. En la organización (u organizaciones) de la que forma parte, ¿existen algunas señales ocultas que quizás estén pasando por alto? ¿Se descuida alguna doctrina fundamental? ¿Cómo puede abordar esto?

LA MANERA CORRECTA DE MANEJAR EL CONFLICTO EN LA IGLESIA

Podemos decir entonces que el Concilio de Jerusalén aseguró una victoria doble —una victoria de la verdad cuando confirmó el Evangelio de la gracia, y una victoria del amor cuando preservó la comunión de los hermanos al hacer concesiones sensibles a los meticulosos escrúpulos judíos.

JOHN STOTT

Por naturaleza soy idealista. En la vida, casi todo lo emprendo con el pensamiento de qué es lo mejor que puede ocurrir. Cuando joven, pensaba en mi ideal del matrimonio. Como padre, pensaba en el mejor de los casos para criar a nuestros hijos. Como pastor, siempre pienso primero en las mejores posibilidades.

Pero cuando es una persona idealista en casi todos los sentidos, descubre que tiene que vivir con decepciones, porque nada alcanza por completo el ideal que se ha creado en la mente. Los que son como yo pueden entender exactamente a lo que me refiero. Los que no son como yo quizás piensan que esto es una tontería. Pero el desaliento puede llegar a ser un estilo de vida para muchos de nosotros.

Muchos tenemos una visión ideal de la iglesia. Cuando observamos el Nuevo Testamento, en particular el libro de los Hechos, vemos una iglesia que sacudió al mundo. Pensamos lo maravilloso que sería formar parte de esa congregación. Todo parece haber funcionado tan bien. No lo crean, la iglesia del Nuevo Testamento tuvo algunos momentos difíciles. Y es curioso que el Espíritu Santo, que inspiró a los escritores del Nuevo Testamento, no dejó fuera los detalles mugrientos. A veces, el Espíritu Santo nos muestra a la gente en sus peores momentos.

Una de mis tendencias idealistas es pensar lo mejor de todas las comunidades posibles. A lo largo de los años, he tenido que aprender que cuando uno ingresa al matrimonio, se casa con un pecador. Y no tendría que sorprendernos que nosotros mismos, como pecadores, aportemos nuestra pequeña cuota de pecado también.

Lo mismo ocurre cuando formamos parte de una iglesia. Cuando somos parte de una iglesia, hay veces en que vemos pecado, momentos en los que la gente nos decepciona. Tuve que darme cuenta de que cuando dos o más personas se reúnen y forman una comunidad, siempre habrá problemas. Cuando la gente se junta, tarde o temprano el idealismo estallará con una dosis de realidad. Luchamos por comunicarnos y entendernos. Porque somos auténticamente egoístas, el desorden dicta a menudo la situación.

El desorden de la iglesia primitiva

Esto lo vemos claramente en Hechos 15. A mi parecer, este capítulo contiene una de las historias más importantes de todo el Nuevo Testamento. Es una historia importante porque podría haber sido el punto final de la iglesia primitiva. Todas las cosas maravillosas de los primeros catorce capítulos de Hechos podrían haber volado en pedazos y se habrían destruido si los creyentes no hubieran manejado este momento correctamente bajo el poder del Espíritu.

Permítame brindarle primero un marco para la historia, un telón de fondo. Hechos 14.26 da un resumen del final del primer viaje misionero de Pablo y Bernabé: "De Atalía navegaron a Antioquía, donde se los había encomendado a la gracia de Dios para la obra que ya habían realizado". Esta es una oración fácil de pasar por alto, pero vale la pena que reflexionemos en ella. Pablo y Bernabé comenzaron este viaje en el capítulo 13 con el llamado del Espíritu Santo. Pasaron por increíbles desafíos. Al estudiar todo el texto en relación con este primer viaje misionero, sabemos que a Pablo lo apedrearon y lo dieron por muerto. En cierto momento, estuvo gravemente enfermo. Pablo y Bernabé enfrentaron terribles calumnias y, sin embargo, completaron el viaje. Hicieron la tarea por completo, sin dejar cabos sueltos, de acuerdo al llamado del Espíritu Santo.

En Hechos 14.27, leemos que al regresar a Antioquía, fueron a su iglesia, la que los había enviado y encomendado. ¡Qué felices tenían que haber estado de regresar a casa, a un territorio conocido, a culturas y costumbres familiares y a amigos que amaban profundamente! Y el cartel de bienvenida estaba en la puerta. Cuando llegaron a casa, Pablo y Bernabé reunieron a la iglesia y les informaron todo lo que Dios había hecho por medio de ellos: cómo había abierto la puerta de la fe a los gentiles. Este era un hecho sin precedentes. Antes de eso, la gente de Antioquía sólo había conocido a unos cuantos gentiles aquí y allá, que habían encontrado la salvación. Pero ahora la iglesia recibía reportes de verdaderas avalanchas de gentiles que aceptaban la fe. Había un avivamiento, un despertar.

Piense en la emoción que estaba experimentando esa gente en Antioquía. Piense en la alegría de la multitud al escuchar una historia tras otra, de lo que Dios estaba llevando a cabo. Piense en el entusiasmo que colmaba a la iglesia. Si ha sido seguidor de Cristo por mucho tiempo, conoce momentos como éste cuando entra a uno de esos lugares donde el Espíritu de Dios está obrando y las vidas son transformadas —simplemente queda absorto.

Por desgracia, todo cambia al comienzo de Hechos 15.1. "Algunos que habían llegado de Judea a Antioquía se pusieron a enseñar a los hermanos: "A menos que ustedes se circunciden, conforme a la tradición de Moisés, no pueden ser salvos"".

¿Cuántas veces hemos tenido la experiencia de una buena racha en la que está ocurriendo algo maravilloso y luego, en ese momento, viene un aguafiestas que lo estropea todo? Observa lo que para nosotros es sin duda la bendición de Dios, la lleva a una dirección diferente y, de una manera u otra, la extingue. Eso es lo que ocurrió en Antioquía. En medio de todo el entusiasmo y alegría, vinieron algunos de Jerusalén que fueron en contra de su gozo. Pablo y Bernabé dijeron: "Algo anda mal aquí".

Lo malo era esto: Estos hombres mantenían una perspectiva judaica y farisea de la fe cristiana, la cual dice que una persona, en especial, los gentiles, no puede ser salva si no ha sido circuncidada y no guarda toda la ley de Moisés.

En la sociedad actual, somos un poco delicados cuando discutimos la palabra circuncisión y su significado. En aquella época, sin embargo, la gente usaba la palabra con regularidad y sin sentir ninguna vergüenza. Todos sabemos que en la tradición judía, el pacto centenario entre Dios y la comunidad judía ha sido que deben circuncidar al niño varón al octavo día. Este símbolo físico trae a la memoria de la gente el vínculo que tienen como pueblo elegido de Dios.

Aun entre la gente bien intencionada surgen conflictos. Tenemos que ser justos con esos hombres que fueron a Antioquía. Les tenemos que conceder algo de gracia. También eran creyentes. Pero habían heredado una tradición milenaria. Estaban condicionados a creer que un individuo no puede ser hijo de Dios si no guarda la ley de Moisés y si no se circuncida. Esto era un hecho consumado para estos hombres: si los gentiles iban a ingresar a la iglesia e iban a ser parte del movimiento del pueblo de Dios, y eso en sí era un pensamiento preocupante, tenían que hacer lo mismo que los hombres judíos.

Me resulta fácil mirar este pasaje y pensar: *Ustedes están locos. Esto es una tontería.* Claro que me resulta fácil pensar así porque provengo de veinte siglos de enseñanza cristiana del Nuevo Testamento, en la que la circuncisión ha dejado de ser una necesidad para ser creyente. Aunque esto me resulta hoy día una tontería, no era así entonces.

Esta es una enseñanza importante para cualquiera de nosotros, cuando surge una situación en la que la gente se resiste al cambio. Tengo que recordar que hay gente que cree verdaderamente en lo que defiende y, antes de faltarles el respeto o darles la espalda, tengo que entender de dónde provienen.

Estos hombres tenían buenas intenciones. Aun así, apagaron el gozo de la iglesia y dieron inicio a problemas. Hechos 15.2 dice: "Esto provocó un altercado y un serio debate de Pablo y Bernabé con ellos". Estas no son palabras amables. No las limpiemos y pensemos que la conversación fue tranquila y cordial. Esa gente estaba enojada. Esta iglesia, de repente, estaba en problemas. Y su gente no podía manejar este debate. Se estaba descontrolando.

En la iglesia del Nuevo Testamento encontramos varios ejemplos de esta clase de debates. Por ejemplo, en un cierto momento, Pablo escribe a los filipenses y les dice, de hecho: "Iglesia, les ruego que junten a Evodia y también a Síntique [dos mujeres prominentes] para que se pongan de acuerdo en el Señor y las cosas no estén fuera de control".

Las comunidades son caóticas. Por fuera, todo parece estar bien pero, por dentro, puede haber terribles luchas. La iglesia de Antioquía parecía estar bien por fuera, pero había desorden debajo de la superficie. ¿Cómo lo resolvieron? Quizás piense: *¿Por qué debo preocuparme de una historia de algo que ocurrió hace más de mil novecientos años? ¿Qué puede enseñarme?* Creo que se dará cuenta de que la iglesia de Antioquía tiene mucho que enseñarnos por la manera en que resolvió sus conflictos.

Las iglesias pueden resolver sus conflictos. La iglesia de Antioquía dijo: "Miren, este es un asunto mayor de lo que podemos resolver". Así que en el versículo 3 vemos que la iglesia envía a Pablo y a Bernabé, y a otros creyentes, de regreso a Jerusalén para pedir a la iglesia principal que resuelva este conflicto.

Hechos 15.3-4 afirma: "Enviados por la iglesia, al pasar por Fenicia y Samaria contaron cómo se habían convertido los gentiles. Estas noticias llenaron de alegría a todos los creyentes. Al llegar a Jerusalén, fueron muy bien recibidos tanto por la iglesia como por los apóstoles y los ancianos, a quienes informaron de todo lo que Dios había hecho por medio de ellos".

Pero cuando dieron sus informes, la disputa cobró nueva vida. Algunos de los creyentes que pertenecían al grupo de los fariseos, fariseos cristianos, se pusieron de pie y reiteraron el argumento: "Es necesario circuncidar a los gentiles y exigirles que obedezcan la ley de Moisés". O sea, dicho con otras palabras: "Si esta gente que viene de afuera va a ingresar y formar parte de nuestro movimiento, tiene que hacer exactamente lo mismo que hicimos nosotros". Esta era buena gente que merece nuestro respeto. Aludían a una tradición que tenía cientos y cientos de años.

Y así comenzó la reunión de la iglesia. Si esta reunión no hubiera tenido éxito, es probable que habría dividido y paralizado (o al menos, neutralizado) el movimiento de los primeros seguidores de Cristo, y la iglesia, tal como la conocemos a lo largo de los siglos, jamás habría tenido lugar.

Creo que este fue el momento más importante, incluso que la Reforma luterana. Esta situación nos describe cómo los cristianos diferían en sus propósitos, tenían desacuerdos y, sin embargo, lo manejaron de manera adecuada. Hemos visto otras situaciones a lo largo de la historia de la iglesia, en las que los cristianos no supieron manejar los desacuerdos y las siguientes generaciones pagaron un precio terrible por ello.

Cómo resolver la disputa

La historia continúa su desarrollo en Hechos 15.6. "Los apóstoles y los ancianos se reunieron para examinar este asunto". Lucas registra lo ocurrido en esa reunión, donde hubo muchos discursos y que duró probablemente varios días. Sin embargo, lo único que tenemos son unos pocos extractos resumidos de al menos tres discursos.

El primer discurso fue el que dio el apóstol Pedro. Dijo: "Hermanos, ustedes saben que desde un principio Dios me escogió de entre ustedes para que por mi boca los gentiles oyeran el mensaje del evangelio y creyeran. Dios, que conoce el corazón humano, mostró que los aceptaba dándoles el Espíritu Santo, lo mismo que a nosotros" (versículos 7-8). Por supuesto, Pedro se refería a la conversión de Cornelio en Hechos 10.

Y en ese momento, Pedro se enteró de, y admitió, lo que a todos los cristianos judíos les costaba acostumbrarse: que un gentil pudiera ser salvo y lleno del Espíritu Santo. En esa época, todos pensaban que sólo los judíos se podían salvar. Eso nos parece ridículo a los cristianos de hoy día, sin embargo, no lo era para los judíos del primer siglo.

El asunto que deseaba comprobar Pedro era que los creyentes tenían que entender que Dios estaba haciendo una gran obra, que aceptaba a los gentiles de la misma manera que aceptaba a los judíos. Observe lo que estaba ocurriendo en el sur de Turquía y Siria, donde Pablo y Bernabé habían llevado a cabo su tarea como misioneros.

A propósito, si va al segundo capítulo de Gálatas, descubrirá que para Pedro no fue fácil pronunciar este discurso. Cuando estaba en Antioquía, ya parloteaba sobre este mismo asunto. Pedro no cambiaba fácilmente. En Gálatas 2.11, Pablo dice que tuvo que reprender a Pedro ante toda la iglesia. No lo haríamos hoy día, pero Pablo lo hizo. Allí enfrente de todos, Pablo lo encaró y le dijo: "Pedro, tú estás equivocado".

Pedro había comido con gentiles por algún tiempo, hasta que llegó uno de sus amigos judíos, entonces se limitó a comer sólo con judíos. Pablo le dijo sin rodeos que era hipócrita. Pero, finalmente, Pedro tuvo la humildad de admitir que Pablo tenía razón.

Por eso es que Pedro pudo ponerse de pie frente al Concilio de Jerusalén y decir: "Sin hacer distinción alguna entre nosotros y ellos, [Dios] purificó sus corazones por la fe. Entonces, ¿por qué tratan ahora de provocar a Dios poniendo sobre el cuello de esos discípulos un yugo que ni nosotros ni nuestros antepasados hemos podido soportar?" (Hechos 15.9-10). Cuando Pedro finalizó su discurso, toda la asamblea quedó en silencio mientras escuchó a Bernabé y Pablo.

Cuando no se escucha

Uno de los problemas que percibo en nuestra generación es que no sabemos escuchar. Mantenemos nuestra posición a costa de todo, ya sea de la economía, de la política o la teología. Muchos comenzamos una discusión y pensamos: *Yo sé qué es lo correcto y no me importa lo que tú opines*. Somos cada vez más rígidos y susceptibles, lo cual está infiltrando en la iglesia y en todo lo demás. Como sociedad, tenemos que aprender a estar en silencio, así como estuvo la congregación en ese último pasaje. Tenemos que escuchar y tratar de percibir dónde habla la voz de Dios en medio de la vida actual.

De regreso a Jerusalén, los líderes estuvieron sentados en silencio, escucharon hablar a Pablo y Bernabé de las milagrosas señales y prodigios que Dios había llevado a cabo por medio de ellos entre los gentiles.

Cuando terminaron, habló Jacobo. De alguna manera, sin ninguna explicación, Jacobo había surgido como líder, portavoz de la iglesia. Dijo: "Hermanos, escúchenme. Simón nos ha expuesto cómo Dios desde el principio tuvo a bien escoger de entre los gentiles un pueblo para honra de su nombre. Con esto concuerdan las palabras de los profetas" (Hechos 15.13-15). Luego cita al profeta Amós, que siglos antes había predicho que los gentiles llegarían a formar parte del pueblo de Dios.

En el versículo 19, Jacobo declara su juicio sobre este asunto. No dijo: "Hagamos una votación". Más bien, Jacobo dijo: "considero", y pronunció una de las conclusiones teológicas más serias que la iglesia ha conocido jamás en sus dos mil años de existencia histórica.

"Por lo tanto, yo considero que debemos dejar de ponerles trabas a los gentiles que se convierten a Dios". Jacobo estaba diciendo: "Tenemos por delante un mundo que conquistar y tenemos que hacer todo lo posible para asegurarnos de que la gente fuera de los límites de la cruz, que son diferentes a nosotros, se sienta tan bien acogida como sea posible. En tanto que nos adherimos a las convicciones fundamentales del Evangelio, no vamos a añadir nada en absoluto, para que tanto los judíos como gentiles se sientan bien acogidos".

Hoy día haríamos bien en memorizar el versículo 19. En muchos lugares, la iglesia hace que a las personas alejadas de la fe les resulte cada vez más difícil escuchar el Evangelio. No es nuestra intención hacerlo, pero hacemos que a los jóvenes les resulte difícil asumir un compromiso. Hacemos que a las personas de mente postmoderna les sea difícil escuchar el evangelio.

Jacobo propone que escriban una carta (versículos 24-28):

> *Nos hemos enterado de que algunos de los nuestros, sin nuestra autorización, los han inquietado a ustedes, alarmándoles con lo que les han dicho. Así que de común acuerdo hemos decidido escoger a algunos hombres y enviarlos a ustedes con nuestros queridos hermanos Pablo y Bernabé, quienes han arriesgado su vida por el nombre de nuestro Señor Jesucristo... Nos pareció bien al Espíritu*

Santo y a nosotros no imponerles a ustedes ninguna carga aparte de los siguientes requisitos.

En otras palabras, la carta decía: "Aquí hay dos o tres cosas que apreciaríamos que consideraran ustedes los gentiles. La circuncisión no es necesaria. Pero deseamos que se normalmente abstengan de hacer algunas cosas que son sumamente ofensivas para nuestros hermanos judíos".

Aquí estaba en funcionamiento la ley del amor. Proponían a un acuerdo. Aunque no les pedían a los hombres gentiles que se circuncidaran, les pedían, por respeto a sus antepasados espirituales judíos, que se abstuvieran de hacer algunas cosas que para los judíos eran importantes a través de los siglos. Era una manera diferente de decir: "No ofendan sin razón a los judíos, pero busquen su libertad en Cristo y sigan adelante como Pablo y Bernabé los han instruido".

A propósito, observe que cuando se escribió la carta, la entregaron personalmente. No era una carta propia de la cultura del correo electrónico. E incluso ahora, a veces necesitamos un rostro. La iglesia de Jerusalén envió la carta a algunos hombres piadosos, para que las congregaciones que estaban alejadas pudieran escuchar la delicadeza, firmeza, convicción y santidad con que se había tomado esa decisión.

Dos lecciones clave

¿Qué podemos aprender de esta historia? *Primero: la iglesia de Jerusalén se aseguró de que la esencia, la convicción medular del Evangelio, nunca se viera afectada.* A lo largo de este debate, la cruz de Cristo, la sangre del Señor derramada por nuestros pecados, y el llamado al arrepentimiento no se vieron afectados nunca. La iglesia entendió lo que tiene que hacer la gente, tanto judíos como gentiles, para ser salva de manera poderosa.

Podría haber sido un momento en que el Evangelio de salvación pudo haberse confundido terriblemente y la iglesia pudo haberse dividido a causa de los malentendidos y las divisiones doctrinales. Pero la iglesia preservó lo que Pablo diría en 1 Corintios 1, cuando dijo que si alguien quita la cruz del Evangelio, sin importar de qué manera lo haga, se equivoca. Y por tanto, en este gran debate se preserva el Evangelio de salvación.

Segundo: preservaron la unidad del cuerpo de Cristo. Nadie se fue de la reunión. Esto no es lo que ocurre siempre en la sociedad actual. Estamos tan adoctrinados por una sociedad personalizada en la que cada persona quiere que todo se haga a su manera. Ya sea que hablemos de negocios, de indumentaria o de nuestro empleo, cada vez más esperamos que todo se haga a nuestra manera. Si no, nos vamos. Con frecuencia vemos esta actitud en la iglesia actual: *Se hace a mi manera, o me voy.*

La belleza de este capítulo de Hechos es que la gente difería drásticamente, no obstante, preservaron la integridad y la unidad del cuerpo. Estoy seguro de que no todos los participantes se fueron contentos. Algunos deben haber estado bastante perturbados, pero se aguantaron. La iglesia y su misión siguieron adelante porque el Espíritu de Dios habló.

Esta es una historia poderosa de cómo actúa la gente cuando las comunidades tienen problemas. Aunque la gente buena vea las cosas de manera diferente, el Evangelio es integral y se preserva la unidad. Esta es la manera en que se deben manejar los conflictos.

PARA REFLEXIÓN ADICIONAL

1. Piense en alguna ocasión en la que las circunstancias o la gente lo hicieron sentirse decepcionado. ¿Cuál fue el impacto emocional de esa decepción en su vida?

2. Piense en alguna ocasión en la que un grupo al que pertenecía era armonioso y cohesivo, pero después se dividió por a una diferencia de opiniones. ¿Cómo se resolvió el problema? ¿Cómo se sintió usted ante lo ocurrido y qué papel desempeñó en los acontecimientos?

3. En situaciones empresariales o de la iglesia, ¿cómo puede, como líder, no afectar los asuntos esenciales en tanto que preserva un sentido de unidad y armonía?

20

A VECES SIMPLEMENTE TIENE QUE DESAPARECER

De vez en cuando váyase, tómese un pequeño descanso, porque cuando vuelva al trabajo, su juicio será más certero.

LEONARDO DA VINCI

Frecuentemente pienso en el hostelero que Gail y yo conocimos en Vermont. Todo en él era inusual: su ropa, su forma de hablar, el ambiente de su hostal. Me dio curiosidad y comencé a hacerle preguntas. Me enteré que Jack Coleman había sido el presidente de *Haverford*, una universidad famosa en Pennsylvania. Después se había convertido en el director de una prestigiosa fundación educativa. Ahora, prácticamente jubilado, tenía un hostal. También averigüé que había adquirido el hábito de desaparecer regularmente durante breves períodos de tiempo. Simplemente se iba. Supuestamente, algún asistente (o pariente) sabía dónde encontrarlo, pero el resto de la gente de su mundo, no.

Cuando reaparecía (generalmente diez días después), contaba que había estado trabajando como limpiabotas en una estación de tren, o como parte de un equipo de recolectores de basura. Una vez, había limpiado mesas en un restaurante de comida rápida. *¿Por qué?*

—Porque —me dijo—, en mi clase de empleo ejecutivo, es fácil perder de vista el mundo muy real de la gente común. Y una vez que el líder pierde contacto con esto, lo invade la ineficacia. Nos olvidamos dónde se centra la verdadera acción de la vida.

Cuando acababa de comenzar mi ministerio, por seis meses viajé cada fin de semana a iglesias en las que impartía seminarios sobre formas creativas de evangelización. La economía de la época me obligaba a hospedarme en las casas de los miembros de esas iglesias. Los hombres (en particular) me hablaban con gran transparencia de sus actitudes hacia la fe y la iglesia. Con frecuencia, con un café después de la cena, la conversación se centraba en su pastor.

"Amamos a nuestro pastor", decían, "pero la verdad es que no comprende para nada lo que es mi vida de lunes a viernes. Lo demuestra en sus sermones y en lo que requiere de la gente".

Un hombre me dijo: "Nuestro pastor revela su visión del mundo en su bendición de los domingos. Dice: "Señor, despídenos con tu bendición, y tráenos de regreso para la reunión de oración del miércoles. Te pedimos que estés con los jóvenes durante el retiro del próximo viernes en la noche. Ayúdanos a obtener más maestros para la escuela dominical. Amén"". Mi anfitrión continuó: "Mi pastor parece desconocer que tengo un empleo; su perspectiva se centra únicamente en la iglesia".

Estoy agradecido por esas charlas de los fines de semana, hace ya casi cuarenta años. Cambiaron la manera en que pastoreo. Me convencieron de que el ministerio (¡agárrese!) no tiene que ver con la iglesia, sino con la preparación y el aliento de la gente para su vida durante la semana: en el hogar, en el lugar de trabajo, en la escuela.

Años después, un miembro de la iglesia me dijo: "Yo sé que usted come, duerme y bebe de esta iglesia todos los días de la semana, y así tiene que ser. Pero usted tiene que saber que cuando salgo de aquí, puedo pasarme días enteros sin pensar una sola vez en la iglesia. Estoy demasiado ocupado con mi trabajo, mi familia y las presiones de la vida". Me recordó que no debo atreverme a suponer que todos están tan preocupados por la iglesia como yo.

¿Qué ocurriría si los pastores, al menos aquellos encargados de predicar e inseminar las mentes y los corazones con ideas nuevas de cómo seguir a Jesús, desaparecieran ocasionalmente, como mi amigo presidente de la universidad? ¿Qué aprenderíamos?

Una santidad sin comprobar

Entre mis historias favoritas se encuentra una, de un par de siglos de antigüedad, que proviene del este de Europa.

> *Un joven judío, erudito y brillante, se aproximó a un rabino sabio y le preguntó: "Dicen que soy el más sabio de los hombres. ¿Cree que es cierto?" Al principio, el rabino se negó a responder. Pero después de que el tenaz erudito lo hostigó, le contestó: "Usted es el hombre más piadoso de su edad. Estudia día y noche, está retirado del mundo, rodeado de hileras de libros, del arca sagrada, de los rostros de eruditos devotos. Ha alcanzado una santidad suprema. Pero, ¿cómo la ha alcanzado? Vaya al mercado con el resto de los judíos. Tolere su trabajo, sus presiones, sus distracciones. Mézclese con el mundo, escuche el escepticismo e irreligiosidad que ellos escuchan, acepte los golpes que ellos reciben. Veamos entonces si aún sigue siendo el más santo de todos los hombres".*

En mis años de pastor he luchado con esto. La naturaleza misma de la organización insistía en absorberme a su centro, hacia conversaciones que se centraban en programas y problemas, pero rara vez en ideas o en asuntos prácticos de la vida diaria. Casi nadie dijo nunca: "¡Vete al mercado! ¡Desaparece!" Ni las juntas de las que era responsable veían el valor de que me alejara de mi escritorio y de sus exigencias administrativas.

Si lo hubieran hecho, les aseguro que mis sermones habrían tenido mucho más color, muchas más aplicaciones útiles, mucho más realismo. Quizás mi liderazgo habría sido más maduro.

Lo que hice para luchar contra el sistema fue lo siguiente: Me propuse como objetivo visitar a cada líder de la iglesia (y más cuando fuera posible) en el lugar donde él, o ella, trabajara. Llené mi agenda de desayunos y almuerzos, cerca de donde la gente se ganaba la vida. A menudo, me invitaban a visitar oficinas, terrenos de construcción, lugares de venta y laboratorios, donde me reunía con jefes, colegas y asistentes.

Pero lo más importante de todo fue que me encontraba con la gente en su lugar de especialización. Ellos veían los domingos mi mejor desempeño; ¿por qué no habría de verlos, allí donde disfrutaban de la ventaja de estar en su base?

Después de esas visitas, prácticamente todas las relaciones mejoraron. En esos encuentros obtuve muchos de los ejemplos e ideas para mis sermones. Pero sobre todo, había una nueva credibilidad en la relación pastoral.

Me gusta pensar que Jesús llevó a cabo su misión de manera parecida. Los Evangelios no documentan que gran parte de su obra la hubiera desempeñado en recintos universitarios religiosos. Él conversaba con la gente casi exclusivamente donde ellos trabajaban o comerciaban, donde sufrían y sobrevivían. Parece que sus metáforas e historias las extrajo directamente del contexto del que hablaba. "Un sembrador salió a sembrar... una mujer estaba barriendo el piso... un hombre estaba arreglando sus cuentas". Estos son los relatos de alguien que ha estado allí presente.

A veces me temo que el ministerio pastoral reciente ha tomado un giro que podría tener consecuencias negativas a largo plazo. Los pastores ahora tienen elegantes oficinas a las que la gente llega, después de haber concertado una cita. Y la gente común rara vez traspasa el umbral de la puerta. Las comunicaciones por correo electrónico son cada vez más prevalecientes.

Además, con frecuencia se contrata a los pastores como predicadores y se les evalúa como administradores de programas. Esto implica numerosas reuniones, sesiones de planificación y asignaciones de presupuesto, lo cual significa que queda separado de las exposiciones pastorales comunes que maximizan el contacto con la gente y la eficacia espiritual (no administrativa).

Lo sé, porque he caído a menudo en esas mismas trampas. Con demasiada frecuencia he permitido que el sistema controle mis prioridades. Caí en la creencia de que las "charlas organizativas" son más importantes que las relaciones personales con la gente de afuera.

Estrategia del mundo real

Cierta vez, los "amigos" de Nehemías le aconsejaron que se encerrara dentro del templo reconstruido para que sus enemigos no pudieran llegar a él. Sin embargo, el hombre fue lo suficientemente inteligente como para darse cuenta de que su lugar estaba entre los trabajadores, en los muros, donde volaban las flechas, no en el mundo artificial de la institución.

¿Cómo podemos luchar en contra de este sistema de institucionalización? Cuando yo estaba en condiciones de luchar, estos son los principios que me guiaron:

Concertar citas del mundo real. Trataba de concertar un mínimo de cuatro o cinco reuniones por semana, con personas de la congregación que no tuvieran nada que ver con problemas o programas, sino con la "vida en el mundo real" y cómo podría ser más poderosa a través de la influencia de Jesús. Trataba de programar estas reuniones cerca de los lugares donde esas personas trabajaban o en los lugares mismos.

Preguntar cosas que hacen pensar. Hacía todo lo posible para centrar la conversación en lo más apremiante de la vida de los demás y no en mí. Trataba de hacer preguntas creativas sobre sus sueños, sus temores, sus máximos desafíos. Les preguntaba sobre sus familias (si estaban casados), o sus amigos (si eran solteros). Si lo permitía el tiempo, les preguntaba qué es lo que necesitaban como participantes de la comunidad de nuestra iglesia, no lo que yo tenía que "venderles". El mejor elogio que podría haber recibido fue: "Caramba, usted hace unas excelentes preguntas. Nadie me había preguntado eso jamás".

Recordar los acontecimientos importantes. Cuando era posible, anotaba en mi agenda los acontecimientos y las fechas límite que enfrentaba la gente en su trabajo. Trataba de enviar una tarjeta en el momento apropiado, y les aseguraba de que estaba orando por ellos en ese momento. Y trataba de averiguar después lo que había ocurrido.

Expandir y compartir mis lecturas. Incluso ahora, trato de expandir la amplitud de mis lecturas de asuntos que me familiaricen con los retos que enfrenta la gente a la que le predico todas las semanas. En lo posible, trato de enviar copias de los capítulos de libros o artículos a las personas que considero que les estimularían.

Practicar la oración del trabajo. Siempre he tratado de orar por estas personas en el contexto de su trabajo. "Señor, te pido que llenes esta oficina con una poderosa sensación de tu presencia mientras mi amigo trabaja..."; "Padre, cuando alguien se cruce hoy en el camino de mi amigo, te pido que el amor de Cristo sea...": "Espíritu de Dios, concédele sabiduría a mi amigo al enfrentar estos problemas de trabajo hoy en la tarde".

Usar el *lenguaje apropiado del mercado.* Todavía trato de incorporar el lenguaje del mundo real en mis sermones. De vez en cuando escucho: "Tú usas demasiados términos comerciales en tu predicación". Y es posible que se me vaya la mano. Pero noto que los escritos de Pablo estaban repletos de términos comerciales, analogías atléticas y alusiones militares. ¡Él estaba en medio de todo eso!

Lecciones del equipo de boxes

Mi nieto Lucas y yo nos sentamos hace unos días a ver una carrera de NASCAR por televisión. Mi nieto ama la velocidad; yo amo el trabajo en equipo. Me fascina la labor de los equipos en los boxes. ¿Sabían ustedes que un buen equipo de boxes puede cambiar cuatro neumáticos, llenar el tanque de gasolina, limpiar el parabrisas y darle un trago al conductor (e incluso reemplazar una defensa) en 15.8 segundos? ¡Yo diría que ese es un *buen* equipo de boxes!

¿Su objetivo? Regresar al conductor y el automóvil, totalmente en funcionamiento, a la carrera. Porque la carrera es de lo que se trata. Si pasa demasiado tiempo en los boxes, pierde la carrera.

¿Acaso saben esto nuestras iglesias? Imagínense un equipo allí parado, cuando el conductor necesita que lo empujen para volver a la pista de carreras. ¿Qué ocurre si el equipo de boxes se olvida de que la acción está allí y no (aparte de esos 15.8 segundos) en los boxes? Cuando observo cómo trabaja un equipo de boxes en conjunto para preparar el automóvil del conductor, tengo una visión de los pastores y asociados: que dan combustible, arreglan y empujan a la gente para que vuelva a la carrera.

La carrera de la vida real

Como pastor me convencí de la importancia de la bendición al final del servicio, como una manera de recordar a la gente que va de regreso a la "carrera" de la vida real. Les ofrecía esta bendición, mientras elevaba las manos y hacía sobre ellos la señal de la cruz:

> *Vayan a las calles de este mundo. Vayan con el recuerdo de esta hora en la que han renovado el alma en presencia de Dios y su pueblo. Vayan con la intención de ser fieles a Jesús. Vayan con la promesa de que van a llevar su amor y lo van a extender a sus familias y amigos, a aquellos que encuentren en su camino y que sufran necesidad. Vayan con valentía, con la determinación de no pecar. Y vayan y recuerden con pasión que Cristo puede regresar en cualquier momento. En el nombre del Padre, del Hijo y del Espíritu Santo, les digo adiós.*

PARA REFLEXIÓN ADICIONAL

1. ¿Con qué frecuencia se aleja de las actividades de todos los días para conectarse con la "vida real"? ¿A dónde ha elegido ir con el fin de entender lo que enfrentan a diario las personas de su congregación?

2. Enumere algunos de los resultados positivos por haberse sumergido en la vida e intereses de las personas a las que sirve.

3. ¿Cuáles son algunas de las maneras clave que ha desarrollado para relacionarse con las personas de su congregación, no sólo espiritualmente, sino como seres humanos?

21

DIEZ CONDICIONES PARA EL CRECIMIENTO DE LA IGLESIA

El crecimiento de la iglesia proviene de la salud de la iglesia. Al concentrarse únicamente en el crecimiento se pasa por alto lo esencial. Cuando las congregaciones son saludables, crecen de la manera que Dios quiere. Las iglesias saludables no necesitan maniobras tácticas para crecer —crecen de forma natural.

RICK WARREN

¿Por qué crecen las iglesias? En medio de todas las conferencias, seminarios y libros sobre el tema, siento que los líderes cristianos están pasando por alto algunos asuntos de suma importancia. Si seguimos ignorando ciertas condiciones indispensables, el resultado puede ser el crecimiento de la iglesia a corto plazo y artificial, que terminará por explotar como una burbuja tensa. Para alcanzar un crecimiento a largo plazo y real, tenemos que lidiar con los aspectos que sustentan la vida de la iglesia y que permiten que el pueblo de Dios sobreviva cualquier personalidad o método.

Las condiciones que estoy por enumerar siempre afloran como asuntos de discusión y crisis, cuando una iglesia se aproxima a ciertos períodos de estancamiento. Otro término para estos períodos podría ser "límites del crecimiento": puntos en los que la iglesia deja de crecer si no se hace un esfuerzo mayor.

A menudo la iglesia parece detener su crecimiento, como si estuviera luchando con lo práctico y deseable para irrumpir hacia el siguiente nivel de crecimiento. Este período de calma se caracteriza con frecuencia por reuniones deprimentes de la junta y por conversaciones en voz baja en los hogares y en los pasillos de la iglesia sobre: "¿Qué le ha pasado a nuestra iglesia?", o "Aún puedo recordar cuando todo parecía ir tan bien y crecíamos todas las semanas".

Sin embargo, lo que en realidad ocurre es que la iglesia está evaluando si tiene la fe y la energía necesarias para atravesar el límite del crecimiento natural. Muchas iglesias no dan los pasos necesarios y se quedan estancadas. Más tarde, entran en un estado de lento deterioro, tanto en número de fieles como en vitalidad.

El primer período de estancamiento ocurre cuando una congregación alcanza una concurrencia normal de 150 personas en sus cultos principales. Un segundo período de estancamiento se logra cuando la concurrencia es de 450 a 500 personas. Y un tercer período de estancamiento aparece cuando el número de concurrentes oscila entre las 950 y 1000 personas.

Parece haber razones prácticas que explican estos tres períodos de estancamiento, y cada nivel parece ser bastante similar a los demás. La única diferencia es su magnitud. Atravesar el límite de crecimiento exige que la congregación tome ciertas decisiones. Por lo general, esas decisiones giran alrededor de un mayor espacio físico, personal pastoral adicional, y un deseo subconsciente de permitir que más personas que nadie conoce ingresen a la comunión de la iglesia. Cualquiera de estas posibilidades, o la combinación de algunas de ellas, se convierte en un reto para los miembros de la iglesia, y nuestra callada renuencia a gastar más dinero, a renunciar a todo control o a asociarnos con virtuales "extraños" nos hace sentirnos incómodos.

Por lo tanto, la tendencia es posponer las decisiones dramáticas. A menudo, como resultado, las decisiones se toman de todas maneras, ya que el no tomar una decisión en realidad equivaldría a quedarse estancados. Lugares atestados de gente, pastores cargados de trabajo y gente que no desea formar nuevas relaciones es lo que más rápidamente acaba con una iglesia.

Cuando se atraviesa un nivel de estancamiento o límite, la iglesia comienza, por lo general, a crecer de manera constante, hasta alcanzar el siguiente límite de crecimiento. Allí sobreviene el siguiente trauma, hasta que la gente se siente segura de sí misma y de la guía de Dios. Parece que cuando la iglesia toma decisiones audaces, como para atravesar el tercer límite sucesivo, comienza un crecimiento ilimitado en fases regulares.

Estoy convencido de que una gran mayoría de las condiciones que se describen a continuación tiene que estar en vigencia dentro de una congregación, si se desea que el crecimiento no sea forzado y probablemente temporal. Por cierto, una iglesia puede crecer gracias a la fortaleza singular de una personalidad carismática, o de una situación local donde hay una afluencia a la comunidad, o de alguna clase de moda pasajera de programación. ¿Pero es esta la clase de crecimiento que deseamos? ¡Claro que no! Buscamos un crecimiento honesto, a largo alcance, en el que se forma a los discípulos a la imagen de Jesucristo.

Primera condición: Construir para crecer

Una congregación en vías de crecimiento tiene que, de una manera u otra, tomar la decisión de proyectar un ministerio para su gente, con base en el futuro y no concentrado en el presente. Esto significa que va a edificar estructuras, contratar personal pastoral y poner en marcha programas con base en el crecimiento anticipado y no en el crecimiento real.

Programar según el crecimiento real siempre nos retrasa uno o dos años. Por ejemplo, desafortunadamente la mayoría de las iglesias esperan para contratar un pastor de jóvenes hasta que llegan los jóvenes, que quizás todavía están creciendo en los departamentos de niños de edad preescolar o de primaria. De golpe, el liderazgo entra en pánico, y se da cuenta de que necesita más ministerio profesional para sus jóvenes. ¿Pero dónde encontrarlo? Esto podría ser un proyecto de seis meses, seguido de cuatro meses para que la persona se familiarice con el personal, seguido de seis a nueve meses de estabilización. Se ha perdido demasiado tiempo para un trabajo eficaz.

Obviamente, podríamos decir lo mismo de los edificios y programas. Construir para el crecimiento en términos de personal, espacio y estrategia es un acto de fe. Pero, como en el milagro de los peces, Jesús solo llena las redes que están fuera de la barca en el agua. Una iglesia que desea crecer desarrolla espacio, personal y estrategia hoy para las necesidades de mañana.

Segunda condición: Renovación estructural

Cuando un avión *jet* atraviesa la barrera del sonido, establece una tensión aerodinámica. Los ingenieros me dicen que tienen que diseñar un avión capaz de hacerlo. Muchas iglesias se basan en una estructura constitucional y programática que se diseñó cuando apenas eran una quinta parte de los que son ahora. Se sorprenden de que no haya crecimiento, y la respuesta yace en el hecho de que la configuración del pasado hace que sea imposible atravesar las barreras del crecimiento. Una iglesia más grande requiere que se asuman políticas de manera centralizada, pero que se implementen esas políticas de manera descentralizada.

Un pequeño grupo al mando, que no esté dispuesto a compartir la responsabilidad de un ministerio significativo, puede seriamente comprometer la capacidad de la iglesia para conformarse al cambio. John Gardner, en un artículo sobre la renovación organizacional, dice que una organización en vías de crecimiento examina sus estructuras constitucionales y estratégicas una vez al año, con el objetivo de cambiar prácticamente todo que limite el crecimiento y la eficiencia.

Hoy día, una iglesia tendría que estar dispuesta a cambiar todo, menos sus distintivos doctrinales. Tiene que estar preparada para suspender cualquier programa que no alcance el potencial esperado. Y tiene que estar preparada para llevar a cabo todo lo que los líderes con sabiduría sientan que podría funcionar para alcanzar objetivos bíblicos para la salud de los creyentes.

Tercera condición: Las congregaciones secundarias

El momento en que una iglesia pasa el límite de las 150 personas, se convierte en una o más congregaciones secundarias. Estos son grupos que comparten cierta afinidad: un mismo lugar geográfico, tareas similares dentro de la estructura de la iglesia, o que tienen la misma edad, educación o intereses profesionales.

El coro de la iglesia puede ser una congregación secundaria. Los maestros de la escuela dominical, los trabajadores del personal de jóvenes, y el equipo del llamado a evangelizar son congregaciones secundarias. También lo son los grupos de matrimonios jóvenes y las clases de los adultos mayores. El punto es el siguiente: cuanto más grande sea una iglesia, tantas más congregaciones secundarias aparecerán. Ellas son la base de la comunión de cada creyente. Cuando alguien dice: "La iglesia está creciendo tanto que ya no conozco a nadie", la respuesta es simple: "No todos tienen que conocer a todos; sólo asegúrese de formar parte de una congregación secundaria. De cualquier manera, nadie puede relacionarse con más de cuarenta o cincuenta personas a la vez, así que la estructura de la congregación secundaria ofrece la posibilidad de relacionarse dentro de una iglesia grande". La iglesia de Jerusalén era, sin duda, una iglesia grande, y sus congregaciones menores se reunían "de casa en casa".

Con las congregaciones secundarias, el tamaño de la iglesia es irrelevante. El viejo debate sobre las virtudes de las iglesias pequeñas y las iglesias grandes pierde toda importancia. Nuestra atención se tendría que centrar en que existan grupos pequeños a los que todos puedan unirse.

Cuarta condición: El personal diversificado

Las iglesias que crecen tienen que prestarle mucha atención al concepto del personal múltiple. Muchas iglesias esperan demasiado para implementarlo. Sólo después de que el pastor ha suplicado y persuadido, sólo después de haberse esforzado hasta el agotamiento, está dispuesta la iglesia a responder.

Una buena fórmula para la dotación de personal múltiple es esta: Además de un pastor principal, se debe nombrar un pastor auxiliar de cualquier tipo, por cada doscientas personas que concurran regularmente. Los pastores auxiliares ofrecen estilos especializados de ministerio a la iglesia: jóvenes, niños, música, administración. Por lo general, la iglesia responde a las necesidades más críticas en la superficie. El ministerio de jóvenes es un ejemplo de ello. La mayor necesidad oculta de muchas iglesias podría ser en el área de coordinación administrativa. El liderazgo sensible y en oración va a determinar, junto con el pastor, la necesidad de personal y desarrollará personal mucho tiempo antes de que cunda el pánico.

Cinco iglesias pequeñas tienen que tener cada una un ministro que predique y que haga todo lo demás que se requiere de un pastor. Una iglesia grande tiene que emplear cinco pastores especializados que proporcionen alguna clase de servicio especial a un segmento importante de la familia de la iglesia. Este hecho no debería ser fácilmente pasado por alto. Hace una gran diferencia para poder confrontar las muchas necesidades actuales.

Quinta condición: La búsqueda de la excelencia

A medida que una iglesia crece, tiene que estar segura de que los participantes de los cultos principales canten, lean y lideren al máximo calibre posible. Permitir que personas no calificadas lleven adelante las funciones de liderazgo, por el simple hecho de que "todos tienen que tener una oportunidad", no funciona en una iglesia grande. Si no puede alcanzar una excelencia razonable, la persona en cuestión tendría que ser expuesta a otras oportunidades en las que sus dones pueden ser mejor utilizados y apreciados.

Con frecuencia se confunde el asunto de la excelencia con Hollywood. Estoy consciente de que jamás voy a convencer a todos los escépticos de esto, pero el hecho es que una iglesia creciente todas las semanas recibe gente nueva, que toma decisiones a largo plazo según su primera impresión. Todos los días de la semana se enfrenta a la excelencia del espectáculo, negocios y comunidad. Algo que sea inferior a las normas a las que está acostumbrada la cultura no puede representar a la obra de Dios. La predicación, música, administración y programación de mala clase ahoga rápidamente el impulso de una iglesia en vías de crecimiento.

Sexta condición: El ministerio sistemático del púlpito

El verdadero crecimiento a largo plazo de la iglesia descansa principalmente en el ministerio sistemático de predicación que alimenta a la gente. Básicamente, este es un ministerio que proviene de *un solo* pastor. A lo largo de un extenso período de tiempo, no se puede compartir con un equipo de predicadores (aunque hay unos cuantos experimentos inusuales en el país que dicen lo contrario). Estoy convencido de que la mayoría de las iglesias de los Estados Unidos exigen que el ministerio en el púlpito esté ocupado por un solo hombre, que enseña sistemáticamente la Palabra de Dios.

Las iglesias pueden crecer por un cierto período de tiempo, en base a programas atractivos; pueden beneficiarse momentáneamente de la labor de especialistas invitados para funciones especiales. Pero el crecimiento a largo plazo depende de la capacidad del ministro principal de predicar lo suficientemente bien, como para alimentar el espíritu interior de los fieles.

Los sermones tienen que tener una base bíblica, deben ser aplicables a la vida y tienen que ser lo suficientemente polémicos como para exigir que se tome una serie constante de decisiones, acerca de las normas de la vida personal y las relaciones. La gente necesita saber cómo tendría que vivir y cómo sobrellevar las presiones que los abaten todas las semanas. Donde haya un púlpito que da respuestas honestas a las preguntas de la vida real, que se basa en la exposición de la Palabra de Dios, habrá crecimiento.

Séptima condición: La educación de amplio espectro

El crecimiento en número tiene que estar acompañado de una dedicación absoluta a la educación de la iglesia. Esto no es sólo la escuela dominical, aunque es allí donde comienza. Y no es educación que se concentra únicamente en los niños, aunque los incluye. Es la educación dirigida a todos los que asisten a la iglesia, desde los bebés recién nacidos que se llevan a una guardería, cálidamente iluminada y muy cómoda para que tengan una buena impresión inicial de la iglesia, a los miembros de más edad que toman parte en las clases de Biblia.

La educación de amplio espectro incluye clases y experiencias educativas, tanto para los cristianos recién convertidos como para los más maduros. Proporciona un plan de estudios en el que se examinan todas las partes de la Biblia y de la doctrina cristiana. Y ofrece cursos prácticos de ética e ideas, donde el cristianismo desafía a las visiones modernas del mundo.

La educación de amplio espectro no es sólo un esfuerzo masivo hacia una buena enseñanza, sino que exige que no se escatimen esfuerzos para ofrecer las instalaciones educativas más cómodas y eficaces. Si todos no están involucrados en la educación cristiana, no puede haber un crecimiento real a largo plazo.

Octava condición: La membresía disciplinada

Cuando hablo de la membresía disciplinada, me refiero a dos cosas como mínimo: que la membresía no sea barata y que la membresía imponga participación.

La iglesia en crecimiento establece normas elevadas para todos los que desean identificarse con la familia de la iglesia. Hace todo lo sabiamente posible para establecer una relación personal con Dios y con su pueblo. Prueba la integridad de las personas mediante entrevistas, clases y confrontaciones con las necesidades de la iglesia. Al hacer que la membresía sea un asunto simple es posible lograr un crecimiento artificial a corto plazo, pero no puede haber crecimiento a largo plazo si no se garantiza la calidad de los miembros.

La membresía que se involucra es también parte de la disciplina. Se espera que los miembros contribuyan, por lo menos, en cuatro cosas: su lealtad a los servicios principales de la iglesia, su deseo de usar sus dones espirituales cuando se les convoca, sus ofrendas financieras en medida proporcional a la bendición de Dios en su vida, y su apoyo positivo y alentador a los líderes de la iglesia. Sin esto, no puede haber crecimiento.

Novena condición: El énfasis en las relaciones

Ninguna iglesia que sea fría en sus relaciones va a crecer por mucho tiempo. Esta condición comienza con el pastor, que debe mostrar un amor sincero y honesto por la gente. Si su amor es genuino y es capaz de expresarlo, el efecto es contagioso. En un mundo que tiende a explotar y dominar, la gente anhela amor. Cuando lo encuentran en la comunión de la iglesia, desea formar parte de ella. Es fácil engendrar calidez, tanto en las congregaciones más numerosas como en las más pequeñas. Pero comienza con el liderazgo. Este énfasis relacional debe dominar el programa de la iglesia, y debe resaltar la estructura de la familia y las amistades significativas que apoyan a la gente en los momentos de necesidad.

Las iglesias que crecen tienen que encontrar la manera de dividir a la gente en pequeños grupos de cuidado, quizás distintos a las congregaciones secundarias, donde se pueda prestar atención inmediata a las personas que se enfrentan a las necesidades propias de una enfermedad, un fallecimiento o alguna dificultad laboral. Con semejante énfasis relacional, nadie se va a sentir perdido, o que nadie lo necesita o quiere. El crecimiento lo exige.

Décima condición: Las decisiones audaces

El crecimiento de la iglesia se logra, en última instancia, en un clima de fe. A ninguna iglesia bendecirá el Espíritu de Dios si limita sus decisiones a lo obvio y "seguro". La fe exige un deseo de tomar grandes riesgos (que no son realmente riesgos). De la misma manera que bajaron los discípulos las redes a un mar aparentemente desprovisto de peces, así Dios llama a la iglesia a tomar pasos con valentía a lo que Dios puede responder con poder y aprobación.

Las decisiones audaces no son decisiones tontas. No son el resultado de la persona que desea erigirse un monumento organizativo a sí misma, más bien, son decisiones que toma un equipo de líderes con fe, que confían en que Dios hará cosas estupendas. Las decisiones audaces las toman las personas que no están totalmente seguras de los resultados, pero que saben que su iglesia pertenece al Señor y que el lugar a donde los lleve será su asunto. Avanzan con fe, y Dios responde.

Donde prevalecen estas condiciones, se supera el crecimiento estancado. En una sociedad que está cada vez más en contra de Cristo, la iglesia cobra una nueva importancia para todos nosotros. No podemos esperar un momento más; tenemos que implementar estas condiciones para que más personas puedan escuchar, puedan ganarse para Cristo y las iglesias en todas partes del mundo puedan crecer.

PARA REFLEXIÓN ADICIONAL

1. Piense en las iglesias de las que ha formado parte. ¿Ha estado involucrado en una iglesia que aumentó de 150 a 500 miembros? ¿De 500 a 1.000 o más? ¿Qué papel desempeñó en ese crecimiento?

2. ¿Qué desafíos ha enfrentado en las congregaciones pequeñas? ¿Y en las congregaciones medianas y más numerosas? ¿Tienen estos desafíos correlación con el tamaño de la congregación, o son siempre los mismos, sin que importe el tamaño de la iglesia?

3. En sus propias palabras, ¿cuáles son las claves de un crecimiento saludable de la iglesia?

EL PUNTO ÓPTIMO DEL MINISTERIO

Los métodos que Jesús utilizó para preparar a sus discípulos son un modelo de inspiración para capacitar y equipar a líderes y laicos para el servicio... La iglesia no es un lugar a donde va la gente, sino algo que la gente es, y el comprender y utilizar nuestros dones y talentos enriquece tanto al cuerpo como al creyente.

D. STUART BRISCOE

Cuando recuerdo mis primeros años en el ministerio cristiano, me da vergüenza pensar en lo mucho que invertí en algo que podría haber llamado "Gordon MacDonald, Inc.". Se trataba demasiado de mí y no tanto de Jesús y los demás.

En un momento dado, mis actividades para construir mi yo le cedieron el paso a la construcción de una organización: una organización eclesiástica. Esto equivalía a reclutar equipos, alentar a líderes, idear estrategias que impulsaran el crecimiento de la congregación (tanto espiritual como numéricamente). Pastorear se convirtió en una experiencia muy satisfactoria, y yo amaba mi trabajo... la mayoría de las veces.

Pero un fin de semana, después de años de construir la organización, me desperté a algo mucho mejor: al punto óptimo del ministerio, se podría decir, donde todo parecía estar bien. En vez de desarrollarme a mí mismo o de erigir una organización, descubrí el desarrollo de la gente, un ministerio con jóvenes cristianos que, preparados adecuadamente, podrían aportar cambios a alguna parte del reino.

Ese despertar tuvo lugar en una visita que realicé a la Academia Militar de los Estados Unidos (USMA, por sus siglas en inglés) en *West Point*, como orador en la capilla de los cadetes. Me sorprendió la dignidad y excelencia de los hombres y mujeres que conocí. Fue una experiencia inolvidable.

La misión de la USMA es:

Educar, capacitar e inspirar al cuerpo de cadetes para que cada graduado sea un líder de carácter entregado a los valores del deber, honor y nación y preparado para una carrera de excelencia profesional y de servicio a la nación, como oficial del ejército de los Estados Unidos.

Esto me hizo cavilar: *¿Cuál es el equivalente en la iglesia donde soy pastor? ¿Dónde y cómo educamos, capacitamos e inspiramos a líderes capaces de influenciar a los demás, por el bien de Jesucristo?* La verdad es que no lo estábamos haciendo.

Por supuesto que teníamos la capacitación de líderes entre nuestros programas. Nuestro boletín quizás decía: "Todos los que deseen capacitarse en esta o aquella actividad tienen que venir el miércoles por la noche". Lo que dábamos a entender era que en noventa minutos, los convertiríamos en líderes. Es algo así como las ofertas de la televisión: haga tres pagos de $39.95 y lo convertiremos en un magnate del negocio de bienes raíces.

Deseábamos "jugadores" que no tuvieran miedo de meterse en el asunto, de experimentar con ideas ni de hacer circular la conversación. No es así como se hace en West Point o Annapolis o en la Academia de las Fuerzas Aéreas. En esos colegios, no es así de simple.

Los líderes nuevos no aparecen porque sí

Cuando regresé a casa, traté de vender mi visión de realizar un esfuerzo por desarrollar un liderazgo, semejante al de West Point, a nuestro personal, a nuestros líderes laicos y a todo el que estuviera dispuesto a escucharme.

Aparentemente no hice una buena labor. Recibí algunas sonrisas, acuerdos en principio, y comentarios como: "Tenemos que pensar en eso... algún día". Tengo que reconocer que al principio yo tenía sólo palabras, pero nada específico.

Luego, un día, me di cuenta de algo muy importante. Las visiones que no tienen precedentes en una iglesia requieren, por lo general, que alguien (en este caso, yo) haga el trabajo por sí mismo.

Hubo un gran avance cuando mi esposa, al darse cuenta de que estaba decidido, me dijo: "Esto es algo que tú y yo podríamos hacer juntos. Y pienso que sería inteligente quitar esa idea del edificio de la iglesia y trasladarla a nuestro hogar". Fue la primera de sus muchas ideas brillantes con respecto a este empeño.

Buscamos materiales que se ajustaran a nuestra visión, y no encontramos nada que nos resultara satisfactorio. Nos dimos cuenta de que el desarrollo del liderazgo no es un programa. En realidad se trata de relaciones sólidas en las que la gente crece para llegar a ser lo que Dios quiere. Es similar a lo que Jesús hizo cuando eligió a doce discípulos para que estuvieran con él. Eran doce hombres en los que él, y solo él, veía el potencial (o influencia) de liderazgo.

Gail y yo decidimos seleccionar entre doce y catorce personas para ver lo que podría ser posible. Uno de mis asociados se reunía con un pequeño grupo de jóvenes adultos. Cuando renunció para pasar a otro ministerio, me senté con su grupo, les compartí mi sueño, y les pregunté si desearían reunirse conmigo y con Gail en mi casa, una semana después. Todos estuvieron de acuerdo en hacerlo.

Cuando llegó esa velada, Gail y yo les compartimos nuestro sueño en detalle. Les propusimos volvernos a reunir una vez por semana los miércoles por la noche, durante unos nueve meses.

"Trataremos de decirles todo lo que hemos aprendido en cuanto a cómo seguir a Jesús, escuchar su llamado, descubrir nuestros dones individuales y lo que significa crecer para desarrollar un carácter bíblicamente definido", les dijimos. "Les contaremos todo lo que hayamos aprendido sobre cómo influenciar a la gente".

Luego añadimos: "Pero esta es la letra pequeña: tienen que apartar en sus agendas unas cuarenta noches de miércoles para estar aquí —a tiempo, y permanecer todo el tiempo establecido, totalmente preparados— cada una de esas noches. No pueden faltar, a menos que se estén muriendo o que su compañía los envíe fuera de la ciudad y les diga que si no van, pierden el empleo".

Cerramos la noche y le dijimos al grupo: "Oren y piensen en esto, y si creen que Dios los está guiando a participar de esta experiencia, llámennos". En el transcurso de la semana, todos llamaron con un sí. Entonces programamos las reuniones.

Esto ocurrió hace diez años. Y desde entonces, casi todos los años hemos seleccionado y lanzado un grupo similar. Hoy día, Gail y yo podemos identificar cerca de cien personas que han repetido estos cursos de "West Point" y, casi sin excepciones, están dedicados a algún esfuerzo importante que sirve a Dios. Muchos han obtenido diplomas y ocupan puestos formales en el ministerio. La mayoría ejerce diversas formas de influencia laica dentro de su iglesia, o en el mundo, y hace el bien en el nombre de Jesús.

Lo que hacemos

Cuando hablo de esto, la gente muestra un gran interés. Quiere saber más. Se da cuenta de la importancia que tiene esto para el futuro a largo plazo de una iglesia. ¿Cómo capacitamos a los líderes cristianos del futuro?

A nuestros esfuerzos les hemos puesto el nombre de ILD: Iniciativa de Liderazgo y Discipulado. No recuerdo exactamente por qué, excepto que *West Point* no era del gusto de todos.

Con frecuencia me preguntan si tengo un plan de estudios.

La respuesta es que no hay ningún plan de estudios por un valor de $39.95. Me pregunto si Jesús tenía un plan de estudios que reiterara sus palabras: "Síganme...". En el siglo diecinueve, el inglés, A. B. Bruce, escribió un libro: The Training of the Twelve, en el que intentó trazar el programa de estudios que siguió Jesús. Les recomiendo mucho este libro, pero les advierto: no es de lectura fácil.

ILD es un enfoque intuitivo hacia el desarrollo del liderazgo. Gail y yo sabíamos cuáles eran los resultados que deseábamos, y conocíamos algunas de las disciplinas que deseábamos enseñar. Lo que no sabíamos era cómo fluiría de una semana a otra.

Ahora, más de diez años después, podemos describir lo que hemos hecho y aprendido. Nuestros objetivos para cada grupo son los siguientes:

- Identificar personas que tienen potencial para influenciar a otros, si se les prepara adecuadamente.
- Acelerar su crecimiento espiritual para que puedan convertirse en seguidores de Jesús, tenaces y motivados, que buscan incrementar su devoción por el resto de su vida.
- Darles la experiencia de todo lo que es capaz de convertirse la comunidad cristiana, cuando la gente se ama genuinamente, como Jesús nos ama.
- Demostrar lo que significa sentirse llamado y dotado, y descubrir que no existe mayor alegría que estar involucrado en los propósitos que Dios tiene para una generación en particular.

Teníamos la sospecha de que si colocábamos simplemente un aviso en el boletín informativo de la iglesia que dijera, de hecho: "Los invitamos a la casa de Gail y Gordon los miércoles por la noche y les enseñaremos a ser líderes", nos veríamos inundados de gente y, además, un gran porcentaje de ellos vendría por las razones equivocadas.

A menudo se destaca que Jesús tenía la tendencia de no recibir voluntarios. Convencidos de que este era un principio importante, decidimos que ILD sería algo diferente. Callada y discretamente, examinaríamos a la gente.

A medida que la primera ILD llegaba a su fin, Gail y yo comenzamos a buscar nuestra próxima "docena". Empezamos la búsqueda a principios de febrero, porque sólo faltaban ocho meses para la fecha de iniciación en septiembre.

Al regresar a casa después de diversas actividades en la iglesia, nuestra conversación solía concentrarse en la gente que habíamos observado.

Dado que Gail es particularmente talentosa para estudiar a la gente y juzga con intuición, me apoyé completamente en sus percepciones.

"Observé a Bob esta mañana", me decía. O, "¿Has pensado en Craig y Lori alguna vez...?" Y luego conversábamos sobre lo que ambos veíamos.

¿Mostraban evidencias de fidelidad, de deseo espiritual, de buscar maneras de servir? No deseábamos invitar gente a ILD que no hubiera demostrado ser leal a sus compromisos y pactos. Mucha gente de iglesia saber hablar y hacer promesas, pero rápidamente se repliega, cuando el entusiasmo de algo nuevo se convierte en una rutina. A nuestro parecer, la fidelidad comenzaba con la reputación de presentarse (puntualmente, preparado y, por lo general, con entusiasmo).

No nos interesaban las personas que obtienen la atención de los demás con sus problemas crónicos. ILD no tenía el propósito de ser un grupo de apoyo ni terapia. Esas reuniones tienen un lugar en la congregación, pero ILD no era una de ellas.

Sí, la gente de ILD tiene luchas durante el año. ¿Quién no? Alguien pierde su empleo, un cónyuge se enferma gravemente, un hijo o hija presenta un serio problema. Bajo esas circunstancias, los grupos de ILD experimentaban el gozo de acompañar al otro: orando, ocupándose y sirviendo. Todos aprendimos a ser "pastores" y a orar el uno por el otro.

Lo que buscábamos

En pocas palabras, lo que buscábamos era:
- *Personas que se dejaran enseñar.* Individuos que formularan buenas preguntas, que tomaran en serio la vida que sigue a Cristo, que hicieran todo lo posible para crecer espiritualmente.
- *Personas que tuvieran habilidades sociales esenciales.* Gente que mostrara respeto y consideración por los demás, que no fuera tan discutidora, ni brusca, ni susceptible, que no se pudieran ajustar a los demás.

- *Personas que no se quedaran sentadas toda la noche sin decir una palabra.* Deseábamos "jugadores" que no tuvieran miedo de interactuar, de experimentar con ideas, de avanzar la conversación y de atreverse a expresar sus ideas.

En mayo o junio, ya teníamos por lo general una lista de veinte personas que habíamos observado, por las que habíamos orado, e incluso evaluado un poco (sin que ellas se dieran cuenta). En agosto, o principios de septiembre, los invitábamos a todos a cenar a nuestra casa.

Después del postre, reuníamos al grupo y le contábamos la historia de cómo se había desarrollado la idea de ILD. Compartíamos nuestros objetivos y algunas de las cosas que creíamos que Dios había hecho en grupos anteriores. Relatábamos historias de diversos participantes que se encontraban ahora en algún tipo de liderazgo (con su permiso, por supuesto) y les asegurábamos a nuestros invitados que podían acercarse a esas personas que ya habían participado en ILD, para preguntarles cómo había sido su experiencia.

Durante la velada, era importante decirles a todos lo que habíamos percibido en ellos y por qué nos habíamos sentido inclinados a invitarlos. Esto resultó importante. Para muchos de ellos, esta era la primera vez que alguien había identificado características en ellos, que los destacaba como personas con el potencial de influir a los demás.

Antes del final de la noche, llegábamos a la "pregunta".

Los invitamos a cada uno de ustedes a considerar unirse a ILD el año próximo. Pero no deseamos que acepten nuestra invitación hasta que no reflexionen por varios días en lo que implica. Significa que ustedes tendrán que asistir todos los miércoles por la noche (luego, esto se convirtió en lunes por la noche) durante unas cuarenta semanas. Va a requerir que lleguen temprano, que se queden hasta tarde, que estén preparados, que se sumerjan en los acontecimientos de la velada sin retener nada, y que se entreguen a alguna clase de tarea desafiante.

¿Están listos para ello? No digan que sí sin haber orado, hasta que hayan tomado una decisión y estén seguros, porque una vez que

digan que sí, comenzarán una relación de pacto, no sólo con Gail y Gordon, sino también con una docena de personas más. Cualquiera que sea su respuesta, nuestro afecto por ustedes no cambiará.

Y cada año, de los veinte invitados, entre doce y catorce han dicho generalmente que sí. Algunos eran solteros, otros casados. De vez en cuando, un cónyuge decía que sí, pero el otro decía que no. Las edades de los participantes oscilaban entre los veintitrés y los cincuenta años. Recientemente, participó una pareja de setenta años (con un espíritu de cuarenta y tantos). La edad, el sexo y el estado civil no han sido nunca más importantes que mantener el pacto.

Un año en la vida...

El grupo comenzaba cada año en septiembre. Durante las primeras semanas, les enseñábamos a leer analíticamente, la Biblia, importantes capítulos de libros, artículos, etc. No tardamos en descubrir que muchos seguidores de Cristo temen leer materiales desafiantes que provocan la mente y el corazón. Además, nos dimos cuenta de que muchas personas sacan en seguida sus propias conclusiones y opinan, antes de haberse esforzado por entender lo que el autor trata de decir. Les enseñamos que sólo después de habernos tomado el tiempo necesario para entender lo que el autor en realidad dice, podemos permitirnos ofrecer una evaluación de lo que se ha dicho.

Vimos el valor de hacer que el grupo leyera en voz alta el material asignado: persona por persona, cada una leía uno o dos párrafos a la vez. Algo ocurre cuando escuchamos la lectura de algo en voz alta. Nos da una nueva comprensión y discernimiento.

Después, Gail le enseñaba a cada grupo el Indicador de Tipos de Personalidad de Myers-Briggs, lo cual ayuda a la gente a entender cuán diferenßtes somos los unos de los otros. Estudiamos las disciplinas espirituales, y de allí hacíamos un estudio del significado bíblico del carácter. A continuación, tratamos de dominar lo que la Biblia enseña sobre los dones espirituales. Y, a lo largo de estos estudios, tratamos de enseñar las habilidades prácticas de la influencia y el liderazgo. Gran parte de ello se hizo por medio de modelos: por ejemplo, la manera en que liderábamos las reuniones.

Casi nunca utilizábamos el método de dictar clase: que es lo que instintivamente nos surge como predicadores. Nuestra convicción era que aprender y crecer eran el resultado del descubrimiento y del diálogo del grupo. "Busquen palabras, frases, patrones y luego las ideas clave que ofrece el autor. Luego trabajen como grupo para construir sus propias ideas del lugar a donde pueden conducirlos esta verdad". Al hacerlo, el grupo de ILD aprendía a crecer y a aprender por sí mismos: una habilidad que puede llevar toda una vida de desarrollo espiritual.

Cada año, percibíamos un momento exacto en el que el grupo dejaba de buscar nuestra aprobación cada vez que hacía un comentario. Comenzaban a verse como un equipo de aprendices. Era hermoso ver cómo buscaban ávidamente obtener sabiduría, estuviéramos Gail y yo allí o no.

Muchas de nuestras lecturas provenían de las Escrituras. Cada grupo estudiaba alrededor de veinte líderes bíblicos y usaba el texto para descubrir qué aspecto tenían. Más adelante, pasaban a los grandes líderes del movimiento cristiano (San Patricio, San Francisco, John Wesley, Sarah Edwards y Catherine Booth, para nombrar a algunos). Cada persona del grupo de ILD leía la biografía de uno de esos individuos y ofrecía una presentación sobre cómo ese hombre o mujer había influenciado a las generaciones que los siguieron.

A la mitad del año, cada persona de ILD aprendía a escribir su propia historia. Para cada participante, este era un reto gigantesco: hacer la crónica del flujo de la vida de cada uno (con sus triunfos y sus pruebas), conscientes de los patrones de la participación de Dios en la vida de cada uno.

Para algunos, este ejercicio era algo muy fácil; para otros, era algo así como un logro de toda la vida. En cierto momento, los miembros del grupo tenían la oportunidad de leer su historia. Gail y yo éramos los primeros lectores, para establecer las pautas necesarias. Al hacerlo, dejábamos poco afuera, para demostrar cómo es la vulnerabilidad y la transparencia, donde Dios ha dado una buena sacudida y ha ordenado los pasos a seguir.

Después de escuchar historias por muchos años, les puedo decir esto: Casi sin excepción, la historia de cada persona está marcada por momentos de gran tristeza y tragedia, muchas cosas que jamás salen a la superficie en el curso de la vida normal de una iglesia.

¿Cuál es el resultado de estos relatos? Una unión creciente que derrota todo lo que jamás se ha visto en la vida de una iglesia numerosa. Un amor, un cuidado y un nivel de amistad que jamás podría haber ocurrido sin el relato de estas historias.

Después de cada historia, hacíamos preguntas y conversábamos. Por último, se invitaba al relator de esa velada a colocarse en el centro de la habitación donde, rodeado por los demás (que ponían sus manos sobre esa persona), recibía treinta minutos de la oración más conmovedora que haya escuchado jamás. Muchos aprendieron a orar con poder durante estos momentos de oración.

¿Qué es lo que no cambiaríamos?

ILD funcionó mejor cuando se enseñaba en equipo. Puedo decirle francamente que nada habría funcionado en nuestra ILD si Gail no hubiera sido mi compañera. Casi todos los años, cuando llegábamos a la semana final y hacíamos una evaluación del grupo, alguien decía, con la aprobación de los demás, "Bueno, Gordon, sabemos que desea que digamos que lo más sobresaliente del año fueron las cosas que leímos. Pero hemos aprendido mucho más observando cómo usted y Gail trabajan juntos, cómo se complementan, cómo resuelven las diferencias de temperamento y estilo, cómo Gail crea un ambiente de hospitalidad, y cómo se apoyan el uno a otro para que las cosas ocurran". La persona con la que enseñamos no tiene que ser nuestro esposo o esposa, pero el liderazgo en equipo es clave.

Segundo, es vital dejar claro que ILD es una prioridad. Preferíamos que alguien dijera que no a nuestra invitación antes que dijera: "Puedo estar allí un 75 por ciento de las veces". Un grupo siempre (¡siempre!) sufre cuando uno de sus miembros es inconstante.

Tercero, probamos ILD en el edificio de la iglesia, y lo probamos en casa. Un hogar, preferiblemente el hogar del líder, es, sin duda, el mejor ambiente para esto.

Por último, sabíamos desde el principio que cada grupo de ILD tenía que alcanzar un punto de culminación. Así como Jesús dijo a sus discípulos: "Ya no los llamo siervos, sino que ahora son mis amigos" (comparar con Juan 15.15), la gente tenía que entender que ILD tenía límites. Créame, nadie, ¡en ningún año!, deseaba que llegara ese momento, en especial Gail y yo. La gente de ILD se había convertido en nuestros hijos. Nuestro deseo era aferrarnos a ellos. Si les habíamos dado algo, ellos nos habían devuelto con creces de maneras que nunca lo sabrán.

Tengo que admitir que algunas veces hemos hecho trampa en este principio. Los grupos de ILD han tenido reuniones ocasionales. Se aman demasiado. Cuando tienen esas reuniones, generalmente nos invitan y, en lo posible, concurrimos. Y cuando nos vamos a casa, nos hemos alejado siempre con un cálido destello en el corazón.

Pablo les escribió a los gálatas sobre su mayor pasión pastoral: que "Cristo sea formado en ustedes" (Gálatas 4.19). Antes de ILD, yo nunca había apreciado por completo sus palabras. Ahora entiendo que de esto trata nuestro empeño.

¿Qué es lo que más lamento de ILD? Que no hayamos tenido la sabiduría para comenzar esas reuniones durante mis primeros años como pastor. Tendría que haber insistido en que algo parecido a ILD estuviera incluido en la descripción de mi tarea: que todos los años, un 20 por ciento de mi tiempo se hubiera invertido en quince o veinte personas. Dejemos que otra persona haga las tareas del comité. Denme una docena de personas por año (bueno, a Gail y a mí) y volcaremos en ellas todo lo que tenemos.

Piense en esto: qué podría haber pasado si hubiera habido cuarenta años de ILD, con doce a catorce participantes por año. Eso equivale a más de quinientos "oficiales".

Cuánto desearía haber visitado West Point cuando era más joven.

PARA REFLEXIÓN ADICIONAL

1. ¿Ha tenido alguna vez la oportunidad de formar parte de un grupo pequeño similar a ILD? ¿Cómo le dio forma esa experiencia a su vida como cristiano y como líder?

2. Si usted creara un modelo de grupo pequeño, ¿qué ingredientes incluiría? ¿Seguiría el formato de ILD o tiene algunas ideas únicas propias?

3. ¿Cómo describiría los beneficios del modelo de ILD? ¿Ve algunas desventajas del compromiso a un grupo como este? Si es así, ¿cómo las abordaría?

EL AVANCE DEL PASTOR

No hay circunstancias, problemas, pruebas que puedan tocarme si no que primero todas, han pasado por Dios y Cristo y luego a mí. Si han llegado hasta mi, vienen con un gran propósito, que quizás no comprendo en este momento.

ALAN REDPATH

"Gordon, tú y Gail están pasando por uno de los momentos más tenebrosos de su vida. Tienen una alternativa: ¿Van a negar el dolor y escapar de él, o lo van a aceptar y van a tratar de extraer de él todo lo que Dios tiene para ustedes?"

El hombre que pronunció estas palabras cambió nuestra vida.

Sus palabras hacen eco de la teología que a menudo se pierde en las sombras de los momentos de oscuridad: Dios puede hacerle jugadas al mal, si se lo permitimos, y extraer luz y belleza de la oscuridad.

Los momentos de oscuridad no son la excepción, incluso en una vida que Dios bendice. Yo no podría haber dicho esto cuando era joven. Consideraba entonces que el dolor y el sufrimiento en la vida de un ministro cristiano era anormal, o resultado del pecado. Pero he llegado a contemplar los momentos de oscuridad de la vida como preciosos momentos, como momentos en que debemos preguntar: "¿Es este un momento en el que Dios me puede hablar?"

Cuando observo mi vida, me siento como el viajero de *El progreso del Peregrino*: puedo detectar los momentos de oscuridad en los que he visto a Dios en mi vida de una manera clara y evidente. En cada uno de esos momentos, he escuchado un mensaje en el medio del dolor. Le ofrezco seis de ellos:

1. El escape nunca es nunca una respuesta

Renuncié a mi primer empleo cuando tenía veinticuatro años. Era pastor de jóvenes en la parte sur de Denver y estaba en el último año en la Universidad de Colorado. Durante los primeros catorce meses de mi ministerio, todos me querían mucho. Parecía que no podía cometer ningún error. El pastor principal me ofreció incluso su púlpito, en ocasiones, y todos se maravillaban de que alguien tan joven y sin ninguna capacitación en el ministerio pudiera predicar tan bien.

Luego, por razones que no alcanzo a recordar (o que no deseo hacerlo), las cosas comenzaron a estropearse. Pasé de "no puede hacer nada mal" a "no puede hacer nada bien". Los adolescentes dejaron de llegar y comenzaron a criticar el programa de jóvenes.

Una tarde, mientras caminaba por la iglesia, encontré una hoja de papel estrujado tirada en el piso. Instintivamente, me agaché, lo recogí y lo abrí. Un adolescente le había escrito a otro estas palabras: "Si MacDonald no renuncia pronto a su empleo como pastor de jóvenes, todo este programa se va a esfumar".

En mi mente, vi todo mi gran futuro de servir al Señor envuelto en llamas. Aturdido, me dirigí a mi oficina, llamé a Gail que, al estar también desalentada en ese momento, no me persuadió de hacer lo contrario y escribí una carta de renuncia. Quince minutos después de haber leído esa nota estrujada, entregué mi carta de renuncia al pastor principal.

Durante los próximos nueve meses, trabajé en una compañía de transportes para mantener a mi esposa y a mi hijo recién nacido, y me preguntaba si volvería a tener alguna vez otra oportunidad en el ministerio. Durante esos meses, experimenté lo que llamo "un momento oscuro", el primero de una larga serie durante el curso de mi vida. Al mirar hacia el pasado, puedo decir que mi renuncia no fue algo de mucha importancia, pero en ese momento me sentía verdaderamente atemorizado.

Muchas personas le van a decir que en sus peores momentos de desesperación han llegado a pensar en quitarse la vida. No creo que desearan tanto suicidarse como escapar el dolor. Deseaban acostarse y no volver a despertarse nunca más. Cuando aparecen conflictos o momentos de dificultad, muchas personas en el ministerio sueñan con escaparse. Consideremos a Simón Pedro, que después de la resurrección se fue a pescar. O el apóstol Pablo, que en 2 Corintios estaba tan abatido que había perdido todas sus esperanzas de vida. En las historias de Pedro y de Pablo escucho el mensaje: "Quiero renunciar".

Al mirar atrás, cuánto habría deseado que alguien me hubiera apartado para decirme: "Espera, Gordon, ¡no vayas tan rápido! Tomemos tres semanas para hacer lo que hizo la marina de los EE.UU. cuando se estrellaron varios aviones, un "cese de actividades" de setenta y dos horas. No vuela nada. Evaluemos cada procedimiento. ¿Qué ha ocurrido a lo largo de los últimos tres meses? Llamemos a algunos de tus críticos para que te hablen cara a cara".

Pero no tenía asesores; tuve que aprender mi lección al renunciar. Descubrí que dentro de mí existía un regulador interno que disparaba el deseo de renunciar cada vez que había problemas. Tenía que reconfigurar ese regulador. Ese momento de oscuridad me enseñó una lección importante de la vida y el ministerio: cuando las cosas se ponen difíciles, renunciar nunca es la primera opción.

2. No se puede dejar el conflicto sin resolver

La palabra odio es una palabra fuerte; yo no la uso fácilmente. Pero si alguna vez experimenté ese sentimiento, fue hace muchos años, hacia una persona en una de las iglesias que serví. No puedo revelar demasiado sobre las circunstancias reinantes, pero ese individuo me hizo promesas que no se cumplieron. A lo largo del tiempo, mi resentimiento se convirtió en odio.

Prácticamente, mis sentimientos hacia esa persona afectaron todas las dimensiones de mi vida. No tenía interés por orar. Fantaseaba sobre las maneras en las que podría avergonzarlo y humillarlo. Mi odio envenenó hasta mi relación con Gail. Cuando ella me decía: "Tienes que hablar con esta persona para resolver el problema", yo me enojaba con ella por decirme lo que yo ya sabía, pero no tenía la valentía de hacer. Las raíces de amargura descendieron a lo profundo de mi alma y envolvieron mis motivaciones para la obra pastoral.

Atormentado, una tarde clamé a Dios: "Dame alivio. Ayúdame a perdonar". Lo que sucedió en los próximos quince minutos sólo puede describirse como una experiencia mística, la primera de mi vida. Era algo así como una visión, pero tuve la sensación física de que me hacían un agujero en la cavidad pectoral. Después de eso, sentí que algo supuraba, como una gruesa melaza. La sustancia fluía y fluía. Era mi odio, que Dios estaba quitando mediante cirugía. Después que cesó ese flujo, sentí como que había perdido cincuenta libras de peso: mi odio había desaparecido.

Lucho por explicar la razón por la que Dios intervino de esa manera tan dramática, pero he aprendido, con ese momento oscuro, que nunca permitiré que una relación se aleje tanto de su curso. Aprendí que, como Pablo y Bernabé, algunas personas no pueden trabajar juntas, que la separación es mejor que el odio, y que el instrumento para sanar son el perdón y la gracia.

3. Tenemos que prestarle atención a nuestras emociones

Al comienzo de mi carrera pastoral, leí *The Secular City* de Harvey Cox, un teólogo de Harvard. Era la primera vez que leía un libro de un autor que conocía muy bien la mente fundamentalista. Cox se había criado en el fundamentalismo, al que ataca y derriba en su libro. El leerlo destrozó mis sistemas de creencias.

A la vez, en un lapso de dos semanas, oficié el funeral de dos indigentes. En el pueblo al sur de Illinois, donde yo servía, el director de la funeraria solicitó mis servicios, y me pagó treinta dólares por cada uno. En ambos casos, entré a la funeraria y vi un féretro barato, cubierto con una tela y un hombre mayor en su interior que mostraba todas las marcas propias de una vida dura. Nadie concurrió al primer funeral. La única persona que asistió al segundo fue una mujer que tenía una apariencia tan lamentable como la del muerto. Ella había compartido su vida en la calle. Su situación difícil me abrumó tanto como la de la persona por la que oficiaba el funeral. Me impactó la total falta de sentido en sus vidas.

Además, durante esa época, estaba sumamente ocupado, físicamente exhausto, sin tiempo para ninguna actividad espiritual, lo cual me condujo a la crisis de ese domingo en la mañana que mencioné en un capítulo anterior.

Durante ese momento de oscuridad, descubrí que los sentimientos que no resolvemos no se esfuman con el viento. Se depositan en los estratos de nuestra alma y están a la espera de la oportunidad de escaparse. Están todos allí: los resentimientos, la desesperación, las ansiedades, las preocupaciones, los miedos. Cuando somos jóvenes, tenemos la energía suficiente para impedir que broten, pero a medida que se acumulan los años, perdemos la habilidad de meterlos bajo tierra.

Como he mencionado, tomé la decisión de tomar nota de mis sentimientos. El escribir un diario no es algo infalible, pero me ha obligado a hacer un inventario todos los días sobre las últimas veinticuatro horas. Me ha ayudado a prestar atención a mis emociones, en vez de permitir que se acumulen hasta causar un problema.

4. El dolor nos reduce a nuestro verdadero tamaño

Al comienzo de mis treinta, por primera vez en mi vida experimenté dolor físico: un aluvión de migrañas que eran insoportables. Estaba preocupado de que se tratara de un tumor cerebral, y tenía miedo de que tuviera que vivir con dolor por el resto de mi vida.

Esto puede sonarles increíble, pero observaba el inicio de estas migrañas al configurar mi calendario. Llegaban en el mes de mayo todos los años pares. Me golpeaban cerca de la una de la madrugada, cada dos noches, durante tres semanas, y luego desaparecían. Tuve cuatro de estas secuencias.

Por fin, fui a ver a un especialista. Me dijo: "El noventa por ciento de mis pacientes son como usted. Son hombres jóvenes, jefes de organizaciones o que desean ser jefes de organizaciones. No tienen paz con ellos mismos y hay personas en su vida con las que no se llevan bien".

Este médico no me conocía, ni sabía cuál era mi profesión, pero me describió a la perfección. Yo sabía exactamente a qué relaciones irresueltas se refería. Permítame decirle que no estoy a favor de asignarle la culpa a nuestros padres por todo lo que nos aflige. Si nos lastiman, es muy probable que sus padres los hayan lastimado a ellos. Las familias tienden a pasar sus políticas de una generación a otra: cada uno de nosotros expresa las consecuencias de cómo su familia se relaciona entre sí. Además, no pienso que todo dolor sea psicosomático, pero el mío, sí lo era.

La producción a través del dolor

A lo largo de la historia, algunos de los momentos más importantes de producción del reino han sido el resultado de dolor físico. Amy Carmichael, por ejemplo, fue una de las escritoras espirituales más importantes del siglo veinte, pero todo lo que escribió, fue escrito en un lecho de dolor. La pregunta se convierte entonces en la siguiente: *¿Qué desea enseñarme Dios mientras estoy en este escenario de dolor?* El dolor trae humildad, y nos obliga a reconocer que dependemos de Dios y los demás. Nos reduce a nuestro tamaño verdadero.

Fue durante este particular momento oscuro que Gail y yo, después de diez años de casados, aprendimos a orar juntos. Fue una de las maneras en que zanjé las diferencias en mis relaciones. Durante los próximos nueve meses, Gail y yo buscamos juntos a Dios en oración, no de manera superficial, y eso cambió nuestras vidas. Descubrí la importancia de decirle a Gail: "Necesito que ores por mí", cosa que jamás le había dicho antes. Años más tarde, cuando Gail y yo nos enfrentamos los peores momentos de oscuridad, la disciplina de la oración que habíamos aprendido durante mi dolor físico estaba ya establecida.

5. No podemos encasillar a Dios

Hace unos catorce años, me preguntaron si estaría dispuesto a ser uno de los candidatos para la presidencia de una importante organización cristiana (no *InterVarsity*). Personas muy sabias me aconsejaron que no rechazara la oferta, ya que Dios, dijeron, podría estar llamándome a un liderazgo a nivel mundial. Yo me había criado en una tradición donde descubrir la voluntad de Dios era lo más importante de la vida cristiana. Mi madre decía: "Si Dios te llama para que hagas algo y tú dices que no, tendrás amargura por el resto de tu vida". Para mí, descubrir la voluntad de Dios era algo de suma importancia.

A medida que avanzaba el proceso, me enteré que habían considerado a otros líderes como candidatos para el puesto. A pesar de haber accedido a presentar mi nombre como candidato, ni Gail ni yo esperábamos nada como resultado. A mi parecer, los otros candidatos tenían mejores aptitudes que yo.

Pero entonces la persona encargada del reclutamiento llamó y preguntó si podía llegar a Boston a visitarnos. Nuestras esperanzas se acrecentaron. Sabíamos que el presidente anterior había destrozado su matrimonio debido a este empleo, de modo que Gail y yo estábamos preocupados. Pero poco a poco nos fuimos acostumbrando a la idea, y dado que teníamos unas largas vacaciones de la iglesia por delante, decidimos recluirnos en nuestra casa de *New Hampshire* por cinco semanas para orar. Ni Gail ni yo le habíamos pedido jamás a Dios que nos diera indicios o señales para determinar la dirección futura, pero durante esas semanas, los puntos parecieron alinearse. Los libros que leíamos, las conversaciones que sosteníamos, las oraciones que hacíamos, la voz de Dios que escuchábamos en el alma, todo apuntaba a que yo obtuviera el puesto. Sentimos que Dios decía: "Esto va a ocurrir".

A medida que el proceso alcanzaba su punto culminante, la junta de la organización les pidió a los últimos dos candidatos, yo era uno de ellos, que fuera a una entrevista final. Gail y yo nos reunimos con la junta un viernes por la mañana y luego volvimos a Boston. Gail me dijo: "Te van a pedir que seas el próximo presidente". Eso me sorprendió, porque Gail no acostumbraba hacer tales declaraciones.

El sábado, sabiendo que tomarían la decisión el domingo por la tarde, le dije al personal de *Grace Chapel*: "Me gustaría reunirme con ustedes el domingo por la noche después de la iglesia". No les dije por qué, pero yo planeaba anunciarles mi renuncia, porque para ese entonces el presidente de la junta de la organización me habría llamado con la decisión.

Pasó el domingo por la tarde, pero el teléfono no sonó, de modo que cuando nos reunimos esa noche con el personal en mi casa, yo estaba agonizando. No sabía qué hacer. Por fin, les dije: "Necesito decirles por qué están aquí. Es una historia que, de aquí en adelante, no tiene un final".

Durante los siguientes veinticinco minutos, Gail y yo les relatamos lo que había ocurrido durante los últimos cuatro meses, cómo habíamos sentido que Dios nos estaba llevando en una nueva dirección, a pesar de que aún no habíamos escuchado la decisión final. Todos estaban en un estado de conmoción. No bien terminamos de hablar, sonó el teléfono. Era el presidente de la junta de la organización. Habían elegido al otro candidato.

Me dirigí a la sala con tropezones para contarle al personal las noticias. Les dije estoicamente: "Ustedes han estado con Gail y conmigo en muchas ocasiones en las que Dios dijo que sí. Ahora podrán ver cómo manejar las cosas cuando Dios dice que no".

Después que se fueron, cancelé la reunión que tenía a la mañana siguiente con los ancianos de la iglesia (en la que había planeado renunciar), cancelé mi reserva de pasajes de avión para reunirme con lo que pensaba sería mi nueva junta, y me fui a dormir. A la mañana siguiente, volví al trabajo a las 8 como si nada hubiera sucedido.

Cómo entregarse a un Dios más profundo y misterioso

Diez días después, me abatió todo el impacto de lo sucedido. Me hundí en las profundidades de la desilusión. A un nivel subterráneo, le dije a Dios: "Me has hecho quedar como un tonto. Me llevaste hasta la línea de llegada y me dijiste: "Lo siento". Ahora desconozco tu idioma. Hablas en un idioma que no estoy capacitado para entender". Cuestionaba a Dios, algo que jamás había hecho antes. Hasta dudaba que fuera posible escuchar a Dios.

Durante ese período, renuncié de *Grace Chapel* exhausto, desilusionado y desconcertado. Al presentarme como candidato para ese puesto, había perdido la confianza de los líderes de *Grace Chapel*. Era 1984. Mi mundo se había derrumbado.

Recién puedo decir esto ahora, después de varias décadas de distancia de esos momentos de oscuridad, pero tuve que entregarme a un Dios mucho más profundo y misterioso que el que había conocido hasta ese momento. Tuve que entregar todos mis prejuicios y precondiciones de conocer a Dios. Eso lleva tiempo. Dios no tenía ningún apuro con Moisés (a menudo me pregunto qué es lo que Moisés pensaba durante los cuarenta años que pasó en el desierto) y, sin duda, Dios no tenía ningún apuro conmigo tampoco.

Al mirar hacia atrás, puedo decir que si la junta de esa organización me hubiera elegido a mí, yo habría fracasado. No era lo suficiente maduro. El puesto requería características que yo no poseía. Aun así, hay una lección que aprendí en esa época que ha perdurado en mí: No esperemos nada acogedor con Dios, porque él es un Dios grande y sus caminos nos superan.

6. El entusiasmo es una elección

Mi quinto momento de oscuridad contribuyó sin duda al sexto. La mayoría de los parámetros oscuros tienen el potencial de destruir nuestra vida. Y en la oscuridad de los momentos anteriores, tomé la decisión que me llevó a un fracaso moral, que resultó en la pérdida del trabajo de mi vida.

Después de que renuncié como presidente de InterVarsity, Gail y yo nos mudamos dos años a nuestra casa de New Hampshire. Un domingo por la mañana, sentado en el borde de nuestra cama, sintonicé en la televisión un programa de Robert Schuller, que decía: "Hoy voy a hablar sobre el entusiasmo".

¿De qué otra cosa hablas?, gruñí dentro de mí.

Pero al escuchar a Schuller, me di cuenta de qué poco entusiasmo tenía últimamente. Había perdido la alegría de vivir. Schuller decía que el entusiasmo era una opción y no el resultado de las buenas circunstancias que nos rodean. Es la energía que se crea cuando Dios está en nuestro interior.

A medida que las palabras de Schuller penetraban en mi mente, le pregunté a Dios: "¿Es posible que yo recupere mi entusiasmo y visión después de haberlos perdido?"

Sin rasurar, me dirigí a la sala con mi vieja y gastada bata de baño y mi pelo enmarañado y le dije a Gail:

—Tengo que pedirte perdón.

—¿Qué ocurre?

—Me di cuenta esta mañana de que el último par de años, si ha habido algún entusiasmo en mi vida, ha provenido de ti. Te digo delante de Dios esta mañana que he resuelto volver a ser un hombre entusiasta. Ya lo verás.

Los próximos días me dediqué a mi tarea y la pregunta que emergía constantemente era: "Si Dios me permite vivir treinta años más, ¿qué clase de hombre deseo ser a los setenta y ochenta años?"

Recuerdo que le dije a Dios: "No es importante si regreso al ministerio o no. Lo importante es que viva la vida durante los siguientes treinta años delante de ti, con integridad y entusiasmo".

En ese tiempo, Gail y yo nos topamos con unas palabras de Oswald Chambers: "Si Dios te permite despojarte de las porciones exteriores de tu vida, es que desea que cultives el interior". Después de leer eso, tomamos la decisión de orar conscientemente por nuestros amigos. Hoy día, rara vez nos levantamos en la mañana sin haber orado por los amigos que hemos recibido.

Mi búsqueda de entusiasmo, mi decisión de llegar a ser un anciano con integridad, y nuestra decisión de orar por nuestros amigos: estos fueron los pasos que nos sacaron del fracaso. Trazaron el camino hacia el futuro.

Quizás mi momento de mayor oscuridad me enseñó que mis peores momentos tenían latente en su interior la esperanza de liberación. Había recibido una nueva oportunidad de darle un nuevo marco a mi fe en Cristo, renovar mi matrimonio y descubrir mis amigos verdaderos.

Cuando sumo todos los momentos oscuros de mi vida, veo en cada uno de ellos que Dios tenía un mensaje para mí. Puedo decir lo mismo que el Peregrino cuando cruzó el río: "He tocado el fondo, y este suena".

PARA REFLEXIÓN ADICIONAL

1. ¿Cuáles son sus "momentos oscuros" personales? ¿Qué fue lo que lo condujo a ellos y cuál fue su reacción inicial?

2. ¿Qué lecciones clave puede compartir, que provienen de sus momentos de oscuridad?

3. ¿Ha sentido alguna vez que Dios lo lleva en una dirección, y luego descubrió que la puerta estaba cerrada? ¿Cómo afectó esto su fe y qué aprendió de esa experiencia?

24

CUANDO LLEGA EL MOMENTO DE PARTIR

> ... *El tiempo de mi partida ha llegado. He peleado la buena batalla, he terminado la carrera, me he mantenido en la fe.*
>
> 2 TIMOTEO 4.6-7

En febrero de 1999, decidí que había llegado el momento de partir. Informé a la congregación donde servía, *Grace Chapel* en Lexington, Massachusetts, que en cinco meses iba a renunciar para buscar otras posibilidades de ministerio: dar conferencias, escribir, enseñar, asesorar y ser mentor.

Sentí que el año en que cumplí sesenta años era el adecuado para dar paso a un líder más joven. Y a los sesenta (al menos eso es lo que me decía todo el tiempo a mí mismo), yo sentía que aún poseía un espíritu innovador y atrevido como para embarcarme en nuevos proyectos, ideas y conexiones.

Cuando llegó ese día, la iglesia me nombró Pastor Emérito y me ofreció palabras de afecto y generosos obsequios como fruto de su aprecio. Fue un buen fin. Luego emprendieron la tarea de buscar a mi sucesor, y encontraron uno muy bueno. Hoy día, su impulso continúa sin mí. De hecho, aún mejor. De eso trata este capítulo: de dejar un (no "el") ministerio, de dejarlo con felicidad (satisfecho con la labor cumplida), de dejarlo honorablemente (de una manera que es apreciada), y de dejarlo apropiadamente (sin quemar las naves).

Una de las decisiones más difíciles del líder es reconocer cuál es el momento adecuado para irse. Si nos vamos demasiado temprano, probablemente sentiremos que hemos sido poco perseverantes y que nuestra obra quedó incompleta. Si nos quedamos demasiado tiempo, nuestra buena obra podría deshacerse y convertirse en algo contraproducente.

Una estrategia de partida

Hay una gran ironía en la vida pastoral. Uno se entrega a una vida que esté formada por el llamado de Dios, la cual se produce a través de obispos (o ejecutivos de la denominación) y de las congregaciones que lo invitan a ir a un lugar en particular, para que se quede por un período indeterminado de tiempo.

Luego, cuando el ministerio llega a su fin, espera que se vaya. ¡Que se vaya! Que deje el área, amigos, la sensación de seguridad humana que todos anhelamos. Esto funciona (funcionó para mí) si se hacen preparativos. En otras circunstancias, puede ser desastroso.

El pastor es sabio si, como un piloto, siempre está consciente de otras pistas de aterrizaje, en caso de que algo funcione mal. Cuanto más envejecemos, más importante es desarrollar un plan para nuestra vida, para nuestra actitud y para nuestro servicio al término de nuestro rol organizacional. No podemos darnos el lujo de ingresar a la tercera y última parte de nuestra vida sin ello. Los que no lo hacen terminan enojados y amargados, y sienten que su llamado los traicionó.

¿Hay algún lugar donde puedan servir los pastores de más edad? Pronto lo descubriremos, ya que son cada vez más los pastores que dejan el ministerio a tiempo completo cuando aún poseen veinte años de vigor en ellos. ¿Qué han de hacer con esos años? ¿Jugar al golf? Espero que no.

Será mejor que encuentren la manera de seguir sirviendo a la iglesia, de maneras que sean un activo, y no un pasivo, para el pueblo de Dios.

Nueve preguntas para formar una sana estrategia de partida

1. ¿Hemos desarrollado con mi cónyuge amistades que no se relacionen con mi previo rol pastoral? (Gail y yo aludimos afectuosamente a esta gente como aquellos con los que vamos a morir).
2. ¿Hemos pensado en cuál habrá de ser la dinámica de nuestro matrimonio, una vez que no se vea afectado por la vida pastoral?
3. ¿He considerado la conducta de mi vida espiritual cuando ya no la impulsen las exigencias del ministerio formal?
4. ¿Tengo un plan financiero que me habrá de permitir continuar alguna forma de ministerio, aun cuando ya no reciba un cheque de sueldo de la iglesia?
5. ¿He identificado temas a largo plazo y experiencias de aprendizaje que mantengan a mi mente y corazón ágiles?
6. ¿He reconocido otras formas de servicio donde puedo alentar y apoyar a jóvenes líderes y su visión?
7. Una vez que haya retomado la vida de un seguidor común y corriente de Cristo, ¿he pensado en cuáles serán las repercusiones emocionales en mi vida al no encontrarme ya en el centro de la iglesia?
8. ¿He comenzado a disciplinarme para no caer en una actitud de reacción y crítica contra los que tomen mi lugar y hagan las cosas de manera diferente? ¿Seré un "viejito" con el que todos quieran estar?
9. ¿He estudiado la vida de aquellos que pasaron con nobleza y gracia a sus últimos años y que buscaron una vida de sabiduría, aliento y oración?

El momento oportuno lo es todo

El profeta Jonás tomó una vez una decisión acerca de cuál era el momento de partir. En un barco que zarpaba rumbo a Tarsis, consciente de que no debería estar allí, pero a la espera de que Dios no se diera cuenta, la situación se deterioró.

—¡Láncenme al mar! —gritó por fin Jonás.

En cambio, "los marineros se pusieron a remar con todas sus fuerzas, pero como el mar se enfurecía más y más contra ellos, no lo consiguieron" (Jonás 1.13). Fue una mala decisión: cuando los tripulantes tienen que remar más de lo debido, es posible que haya que tomar la decisión de partir. Sin embargo, por esta única vez, Jonás lo entendió correctamente, y cuando cayó al mar, todo mejoró en la cubierta.

Esto plantea una cuestión inquietante: ¿cuál es el momento adecuado para que el líder salte por la borda? Mis amigos militares me dicen que batirse en retirada es la maniobra más peligrosa de todas. No me sorprende. Lo mismo ocurre cuando tratamos de llevar un ministerio a un fin satisfactorio (tanto para el pastor como para la congregación). Discernir el momento justo no es tarea fácil.

No conozco ningún libro que dicte el período ideal del ministerio pastoral. Algunas tradiciones (metodistas en el pasado cercano y los oficiales del cuerpo del Ejército de Salvación) pensaban, según la tradición, que un período de dos años era ideal porque el pastor se dedicaba de lleno a pastorear y a casi nada más. No se quedaba lo suficiente como para involucrarse mucho en la estructura de la iglesia ni para convertirse en el niño mimado de la gente. Pero, ¿quién podría algún día describir el caos que tuvo que haber ocasionado este sistema de rápida transferencia para las familias de los clérigos, que no conocían nada más que un hogar estable, relaciones a largo plazo o un trabajo con un sentido satisfactorio de finalización?

Por otro lado, mi héroe del siglo dieciocho, Charles Simeon (Holy Trinity, Cambridge, Inglaterra) permaneció en el mismo lugar durante cincuenta y cuatro años. Muchos ministerios pastorales de Nueva Inglaterra, donde yo vivo, se extienden durante veinte años y más.

Yo trabajé en Grace Chapel durante trece años y luego, varios años después, regresé por otros siete años. Algunos aluden a los dos períodos como el "reino" de Gordon I y Gordon II. Después de haber trabajado en otras tres iglesias, tomé la decisión de que era hora de partir, cinco veces en treinta y ocho años. Cada vez, sentí dos cosas: una sensación de haber completado mi propósito pastoral y una sensación de ineptitud con respecto al futuro de la iglesia.

También sentí que las congregaciones con las que trabajaba presentían que las cosas habían llegado a su fin. Honestamente, pude ver cuando la gente podía haberse cansado de mí y de mi estilo de liderazgo. Mi tendencia era resistir el estado actual de las cosas y me gustaba sondear y estimular a la gente con preguntas inquietantes. Tuve algunos críticos cuando traté de salirme de la organización para recalibrar mi mente y mi corazón.

Siempre estuve consciente de que a cada iglesia yo aportaba un paquete de ideas y prioridades adecuadas para ese momento. Pero no podía escapar de la realidad de que mi "paquete" tenía una fecha de vencimiento, más allá de la cual ya no tendría ninguna relación con las necesidades de la congregación. Y ese era el momento de saltar por la borda, antes de que se le ocurriera esa idea a los demás.

Ocho señales de la hora de partir

¿Cuándo tendría que irse un pastor? ¿Qué indica el mejor momento para tomar la decisión de la hora de partir? He aquí ocho señales.

1. Incompatibilidad

Una buena iglesia, un buen pastor, pero no encajan bien. La congregación necesita una clase de liderazgo pastoral que el pastor actual no posee.

Por ejemplo, observemos al pastor que es empresarial por instinto (léase "visionario" o "apasionado con el crecimiento"). Tiene el ojo hambriento en la gente que está fuera de la iglesia, y anhela que la gente que está dentro concentre su energía para crear un ambiente que se enfoca en el que está afuera.

Por otra parte, la congregación desea hacer una pausa y dejar de mirar hacia fuera. Desea fortalecer su sentido de comunidad y concentrarse por un tiempo en el desarrollo espiritual (que no siempre es una decisión inapropiada). El pastor comienza a impacientarse con lo que percibe como narcisismo de la congregación. La gente se siente explotada, o usada, para satisfacer las ambiciones empresariales del pastor. Cada uno comienza a tener sospechas de los planes del otro, y ninguna cantidad de reflexión mutua produce convergencia.

2. Inmovilidad

La congregación está atrapada en un torbellino eclesiástico —mucho movimiento programático, pero poco sentido de dirección. Por medio de un control sutil, algunos miembros dominantes de la iglesia, calladamente (pero no tanto), obstaculizan todas las iniciativas del pastor. Se neutraliza astutamente al nuevo liderazgo. Hay un sentido inescapable de que la congregación es una comunidad cerrada, que juega a la iglesia como un método de satisfacer las necesidades sociales de sus integrantes.

En Nueva Inglaterra veo con frecuencia esta clase de congregaciones. Suelen tener un tamaño de noventa personas (no más de 150). Reclutan al pastor con promesas de que desean un liderazgo creativo y oportunidades de alcance. Cerca de un año después, el pastor nuevo descubre un liderazgo informal, tipo mafia y poco a poco el ministerio se reduce a un agotador juego político. Me recuerda esa frase misteriosa de 3 Juan 9 sobre Diótrefes "a quien le encanta ser el primero". ¡Diótrefes vive!

3. Transición Organizacional

Las organizaciones sanas inevitablemente llegan a un punto de crecimiento donde es necesario una nueva clase de liderazgo. No todos los pastores se pueden adaptar.

Por ejemplo, los buenos plantadores de iglesias frecuentemente no poseen el "don" de ayudar a la iglesia a superar el límite de las 150 a 200 personas, ya que eso requiere de talentos administrativos diferentes. El pastor que funciona mejor solo es cada vez menos eficaz cuando la iglesia necesita desarrollo de personal y administración.

Algunos pastores pueden construir una sólida organización de ministerios. Una vez que finaliza el período de construcción o ingeniería, quizás el pastor no esté capacitado para liderar el ministerio en esa nueva dirección. E pastor sabio (y humilde) aprende para qué época de la iglesia está mejor capacitado.

4. Estancamiento

Algunas veces, los pastores deducen que ya no pueden desarrollar personalmente los dones o eficacia del ministerio en su situación actual. La mente, el corazón misericordioso y los dones espirituales únicos del pastor son su "especialidad". Tienen que estar en un constante estado de mejoramiento. Cuando la congregación impide el crecimiento personal de su pastor, el resultado será aburrimiento y mediocridad para todos.

Entre las cosas que yo apreciaba de la congregación de *Grace Chapel* se encuentra su amor por los sermones provocadores. Hubo momentos, a sabiendas de sus expectativas, en que realmente sentí que los había decepcionado. De modo que me esforzaba aún más cuando preparaba el siguiente sermón. Sabía que la gente regresaría con sus Biblias y cuadernos, ansiosos de cosechar una buena idea, que por lo menos permanecería con ellos durante toda la semana.

Esto ponía una presión saludable sobre mí, de producir nuevas ideas y aplicaciones útiles para su vida en el mundo exterior, más allá de las puertas de la iglesia. Si yo no hubiera satisfecho esas expectativas, o si no hubiera podido seguir creciendo, me habría sentido obligado saltar por la borda.

5. Fatiga

Aunque la fatiga es parecida al estancamiento, existen diferencias importantes entre ellos. En este caso, el ministerio carece de un componente de "renovación", y el pastor saca la conclusión de que está en continua descarga espiritual/psicológica/física.

Conozco esta condición un poco más de cerca que algunas de las otras. Al mirar hacia atrás, con frecuencia me metía en problemas cuando le prometía a la gente más de lo que les podía dar. Transmitía el mensaje de que estaba libre y disponible para todos. Pero la verdad era que, aunque deseaba que así fuera, no podía hacer que eso ocurriera. Nuestra congregación era demasiado numerosa; los programas eran demasiados; el personal deseaba más de mí de lo que yo era capaz de dar. Me cansé de tratar de complacer a todos, y a menudo sentía que no complacía a nadie. Ese era mi problema, de nadie más. Sin embargo, el resultado fue el agotamiento y la decepción.

En ocasiones, el liderazgo de una iglesia no discierne esta dinámica y no logra proteger a su pastor, ni garantizar que tenga momentos regulares y eficaces de renovación. Cuando la fatiga llega a una etapa crónica, es posible que sea necesario irse.

6. La moral de la familia

De vez en cuando, llega un momento en que es imposible ignorar el hecho de que al cónyuge y a los hijos se les daña más de lo que se les ayuda con la situación actual.

Las razones pueden ser varias. Ningún pastor puede darse el lujo de sacrificar a su familia por el bien de las expectativas irreales de la congregación. Un perpetuo ahogo financiero no es algo saludable. Las condiciones de vivienda que amargan a los niños, o las polémicas de la iglesia, que constantemente humillan o deshonran al pastor en frente de su propia familia, son fuertes indicios de que ha llegado la hora de partir. Nada se gana si el pastor tiene éxito en la iglesia, si tiene fracaso en su propia casa.

7. Conclusiones y oportunidades

Esta señal, ojalá, la mejor de todas, es engañosa y exige escuchar espiritualmente y con atención, y el consejo de asesores de confianza.

Uno intuye que el ministerio en una iglesia en particular ha llegado a su fin. Llega la noticia de que otra congregación está buscando un pastor. La nueva situación se ajusta a lo que uno siente que son sus dones y su llamado. Hay una curiosa ambivalencia: la tristeza de decir adiós a la gente que uno quiere y, sin embargo, el entusiasmo de un nuevo desafío. Los impulsos creativos comienzan a fluir. La mente se ve atrapada por la expectativa de un nuevo comienzo. Las emociones vuelan. El cónyuge, el obispo, los asesores confiables coinciden. Sobre todas las cosas, uno siente que Dios está presente en la decisión.

8. El factor de la edad

Llega el momento en que el pastor no puede seguirle el paso a las exigencias del ministerio. Esto refleja, por lo general, la edad de cada uno. El pastor que está envejeciendo se enfrenta a la terrible tentación de mantener un empleo por demasiado tiempo. El amor que tiene por la gente y el amor que la gente tiene por él le da vida. Entregar la tarea a otra persona es casi impensable, porque la persona y el empleo ya no se distinguen el uno del otro.

Pero el no entregar el trabajo casi seguramente dará comienzo a un período triste, en el que el pastor daña involuntariamente gran parte del bien que hizo hasta ese momento.

Cuando buscamos en las Escrituras decisiones de la hora de partir, descubrimos varias de ellas. Vemos padres que bendicen a sus hijos, y les dan su legado. Vemos a Moisés, Samuel, David y Elías que trazan el camino para sus sucesores. Escuchamos que Jesús les dice a sus discípulos que es "conveniente" que se vaya. Leemos las palabras de Pablo que alienta a Timoteo y a los líderes de la iglesia de Éfeso para que tomen el cargo y se pongan en marcha.

Pienso que es algo sabio que el pastor examine todos los años la decisión del momento de partir: unos pocos días presupuestados para evaluarse, para buscar las opiniones de asesores confiables, para una honesta evaluación, basada en metas e intenciones previamente establecidas. Si se persigue esta disciplina, es probable que cuando llegue la hora de partir, lo haga en un momento de seguridad de que Dios ha hablado, de que se ha completado una buena tarea, y de que hay nuevas oportunidades por delante.

Para mí, el salto por la borda más grande que conozco (y esto no tiene la intención de ser una recomendación) ocurrió hace unos cuarenta años en Wheaton College.

El presidente de Wheaton, V. Raymond Edman, un hombre devoto, daba un discurso en la capilla un viernes por la mañana. Acababa de relatar una época en la que se había estado preparando cuidadosamente para tener una audiencia con el que era, en ese momento, el emperador de Etiopía. Su aplicación para los estudiantes, que según él habían caído en un espíritu de irreverencia en su adoración, era simple: siempre hay que estar preparados para conducirse con respeto en la presencia del Rey de reyes.

Después de haber expuesto su argumento, el Dr. Edman se desplomó súbitamente y falleció. Después de hablar de cómo entrar en la presencia del Rey, él mismo lo hizo. Se fue, aparentemente, en el momento que escogió Dios, quien, según confiamos, también vigila nuestra decisión del momento de partir.

PARA REFLEXIÓN ADICIONAL

1. Piense en los cargos de liderazgo que ha tenido. ¿Qué impulsó su decisión de partir y cuáles fueron algunas de las señales?

2. Durante sus experiencias de la hora de partir, ¿fue el proceso doloroso o racionalizado, o una mezcla de ambos? ¿Haría algo de manera diferente?

3. ¿Se ha encontrado alguna vez en un lugar de fatiga total? Si es así, ¿cómo pudo superar ese momento para recuperar luego toda su energía?

EPÍLOGO

Si los líderes actuales tienen la esperanza de servir por un lapso prolongado de tiempo, hay cuatro principios esenciales que resumen lo que se ha cubierto en este libro. Estos cuatro principios, si se aceptan interiormente y se viven exteriormente, apuntalan las bases del liderazgo a lo largo de la vida del líder. Los cuatro principios son:

1. *Experimente la conversión todos los días*

Experimente la frescura de la conversión todos días. Vuelva a entregar su vida a Jesús todas las mañanas como parte de su momento devocional. Disfrute aceptar a Jesús otra vez todos los días.

2. *Respalde su vida con disciplinas cotidianas*

El carácter se forja con disciplina. No tener disciplina es como tratar de vivir con el alma vacía. Cuando la vida se derrumba, las disciplinas espirituales nos pueden ayudar a recuperar nuestro equilibrio.

3. *Cumpla con el sentido del llamado*

Reconozca el papel crucial que juega el tener un sentido de llamado en su vida. Tenga presente que ese llamado puede cambiar con el correr del tiempo. En mi propia vida, le pregunté a Dios: "¿Tienes un nuevo llamado para un hombre de sesenta y tantos años?". En conferencias posteriores, la gente comenzó a decirme que les había afectado poderosamente mi presencia paternal. Entonces experimenté un momento de reflexión: "Es hora de hablar como padre". Esto llegó a ser mi nuevo llamado y comencé a preguntarme todos los días cómo pensaba vivir a partir del sentido de este llamado.

4. Desarrolle una comunidad a su alrededor

Asegúrese de tener una comunidad cercana de amigos que lo rodeen. Hace muchos años, se les decía a los ministros que no tuvieran amigos cercanos, en especial en la iglesia. Descubrí que esa es una manera muy poco saludable de vivir. En cambio, mi esposa y yo hemos aprendido a desarrollar intencionadamente un grupo de amigos íntimos que se han convertido en algo de vital importancia para nosotros a lo largo de los años, ya que aportan equilibrio y sabiduría a nuestra vida.

Como líder, asegúrese de construir una base sólida por *debajo* de la superficie, y luego observe el fruto de lo que está por *encima* de la superficie en el legado vibrante que creará en la vida de aquellos a los que sirve.